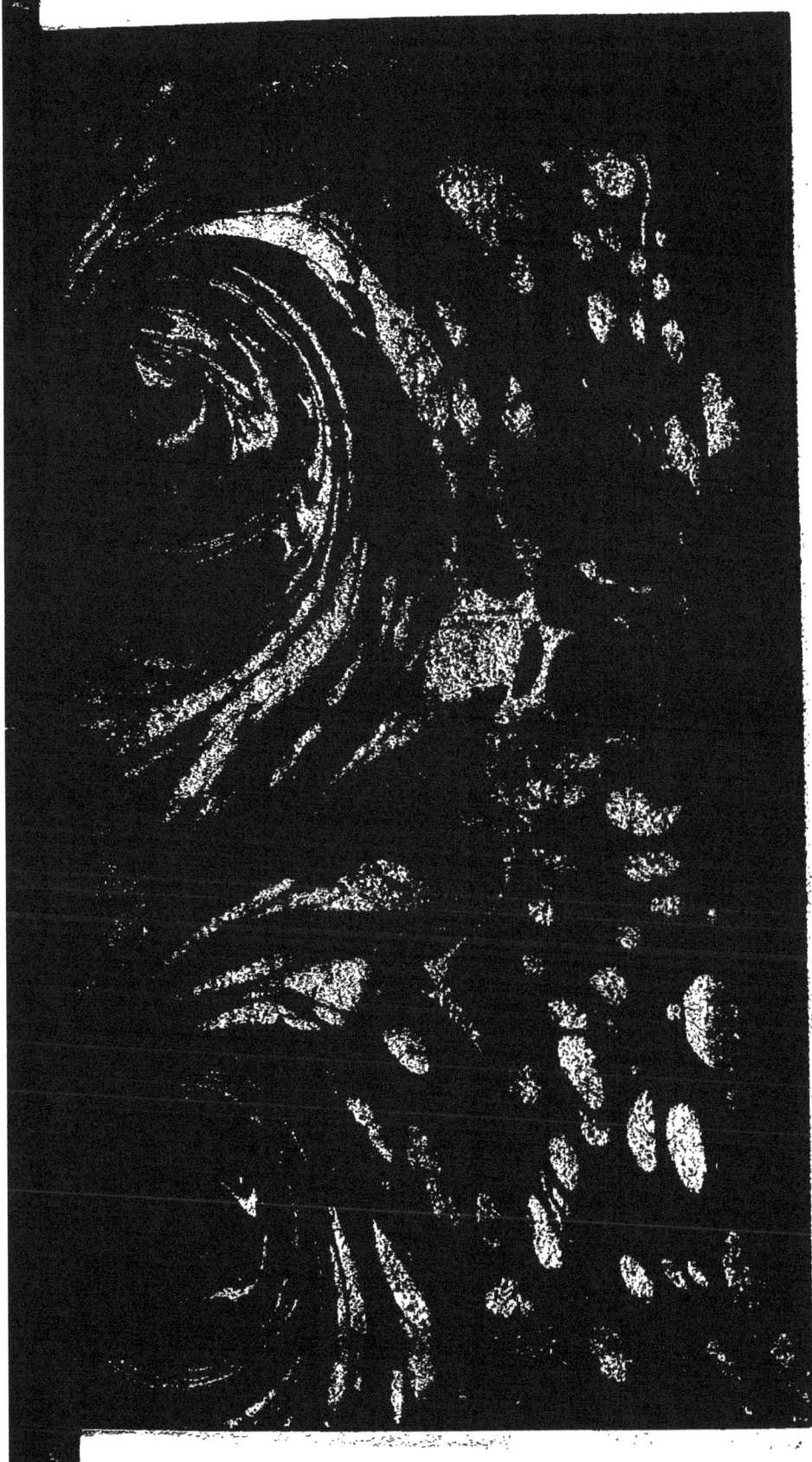

9840. T.

L'ANTIQUITÉ
JUSTIFIÉE.

M. refutation d'un livre contre
la religion.
                    Cat. Nyon 20035.

L'ANTIQUITÉ JUSTIFIÉE,

OU

RÉFUTATION D'UN LIVRE qui a pour titre : l'*Antiquité dévoilée par ses usages.*

A AMSTERDAM,

Et se trouve à PARIS

Chez VALLAT-LA-CHAPELLE, Libraire, sur le Perron de la Sainte-Chapelle, au Palais.

M. DCC. LXVI.

AVERTISSEMENT.

LES incrédules (c'est-à-dire ceux qui prêchent publiquement leur doctrine,) ont tant disserté, ils ont tant fait de recherches, ils ont tant écrit ; leur imagination s'est tellement échauffée, qu'ils viennent enfin de prouver évidemment la Religion qu'il vouloient anéantir. Le Livre dont je vais parler étoit l'espoir des plus célébres blasphémateurs ; il a pour titre l'*Antiquité dévoilée par ses usages*. Il faut voir comment il a été annoncé, & comme le loue celui qui a fait l'Histoire de la vie de l'Auteur, qui se trouve à la tête de ce Livre, & dans la Gazette Littéraire. Je ne sais si ce grand Ouvrage est connu, malgré toutes les précautions que l'on a prises pour qu'il le fût, mais il est important qu'il le soit. Ce n'est point ici un tissu de mensonges grossiers, de sophismes rebattus & bouffons,

Avertissement. vij

appliqués d'un air méprisant aux objets les plus intéressans pour l'humanité : c'est une entreprise sérieuse & réfléchie. Les Chefs de l'incrédulité, les Héros du parti, les Idoles de la populace de la Littérature & de l'Irréligion, après y avoir pensé toute leur vie, viennent enfin de consigner les aveux les plus importans dans un Livre qui, à ce qu'ils disent eux-mêmes, *sappe par leurs fondemens toutes les vérités de la foi.*

Si je n'avois affaire ici qu'à

des esprits raisonnables, je me contenterois des excellentes preuves que nous fournissent nos adversaires. Si je n'avois à persuader que des esprits foibles & prévenus, je ne me servirois que de l'autorité de leur Maître. Je me contenterois de leur dire : ceux qui vous ont endoctriné croyent au Déluge & à l'unité d'une tradition qui remonte jusqu'à cet instant terrible. Tels sont leurs aveux. Sur leur foi vous aviez cru le contraire jusqu'à ce jour ; vous voyez bien qu'ils vous trompoient alors, ou qu'ils vous trompent maintenant.

Voilà comme je m'y prendrois, si je ne parlois qu'aux Sages ou aux Insensés : mais puisque je parle au Public, je tâcherai de remplir ces deux objets. Comme l'Auteur de l'*Antiquité dévoilée* attaque à dessein la Religion, & la prouve sans y penser, j'espere montrer clairement que tous les faits qui confirment l'intégrité des Livres Sacrés, sont évidemment certains, & que toutes les conséquences qu'il en tire sont évidemment absurdes. Voila tout le plan de ce petit Ouvrage.

Quatre Chapitres renfermeront les objets que j'ai cru devoir y traiter. Le premier n'est qu'un Extrait des aveux de M. Boullanger. C'est toujours lui qui parle. Comme la nature & la briéveté de cet Ouvrage ne m'ont point permis de le copier servilement, je me contente de rendre fidélement ses opinions & ses raisonnemens. Je tâche même

Avertissement.

de les abréger autant qu'il est possible, afin que leur enchaînement soit plus facile à saisir. Les courtes réflexions que je me suis permises dans ce Chapitre, sont renfermées entre deux parenthèses; elles ne servent qu'à éclaircir & à développer les idées de M. Boullanger.

Je discute les conséquences dans le second Chapitre, & je tâche d'y montrer en peu de mots qu'elles sont directement opposées aux principes que l'on établit;

d'où il suit que M. Boullanger démontre en rigueur les dogmes qu'il veut attaquer.

Dans le troisiéme, je compare la Religion des Juifs & des Chrétiens à celle des Philosophes & des Nations qui, selon M. Boullanger, ont puisé leurs erreurs à la même source.

Dans le quatriéme enfin, j'examine le projet des Incrédules dogmatiques, le mal qu'ils nous ont fait, & celui qu'ils peuvent encore nous faire.

TABLE.

Chapitre I.

Systêmes des esprits forts sur le Déluge & sur l'ancienne tradition. page 1.

Chapitre II.

Examen des conséquences que l'on tire des vérités que l'on vient de nous accorder. 36.

Chapitre III.

Comparaison de la Religion des Philosophes & des Peuples, avec celle de Moyse & de Jesus-Christ. 82.

TABLE.

Chapitre IV.

Examen du projet de quelques Philosophes. 169

L'ANTIQUITÉ
JUSTIFIÉE.

CHAPITRE I.

Syſtême des eſprits forts ſur le Déluge & ſur l'ancienne Tradition.

Pour connoître l'ancienne Tradition, il faut (ſelon l'Auteur de l'Antiquité dévoilée) avoir un point d'appui ; il faut partir d'un fait dont la vérité ſoit généralement reconnue. Le Déluge eſt la véritable époque de l'Hiſtoire des Nations. Il a donné lieu à un renouvellement total de la Société. Non seulement la Tradition qui nous a transmis le souvenir de cet événement mémorable, est la plus ancienne de toutes, elle est d'ailleurs claire & intelligible. Ce cruel désastre est écrit dans toutes les langues. On en parle, de temps immémorial chez tous les Peuples du monde. Il est prouvé par le progrès sensible de toutes les Nations, par la progression successive de tous les arts. Toutes les Histoires nous montrent le Genre humain naissant, ou du moins l'enfance d'une multitude de Peuples. La Physique se joint ici à l'Histoire ; elle trouve dans les entrailles de la Terre les cir-stances terribles de cette étrange révolution. Elles y sont gravées en caracteres ineffaçables. On voit au sommet des plus hautes Montagnes & des plus éloignées de la Mer, des Coquilles, des restes de Poissons & de Monstres marins. On y rencontre des végétaux qui ne peuvent être nés qu'à plusieurs milliers de lieues du climat où ils sont actuellement pétrifiés.

(Tout cela est frappant sans doute. Quelque système que l'on adoptât pour éviter l'universalité du Déluge, on n'expliqueroit jamais celle des phénomènes qui se réunissent tous, pour confirmer une même vérité.) Enfin, ajoute M. Boulanger, ce fait incompré hensible que le Peuple ne croit que par habitude & que les gens d'esprit nient aussi par habitude & par préjugé, est ce que l'on peut imaginer de plus notoire & de plus incontestable. Oui: le Physicien le croiroit, quand les traditions des hommes n'en auroient jamais parlé, & un homme de bon sens qui n'auroit étudié que les traditions, le croiroit encore. Il faudroit être le plus borné, le plus opiniâtre des humains pour en douter, dès que l'on considere les témoignages rapprochés de la Physique & de l'Histoire, & le cri universel du Genre humain.

En effet, outre que l'opinion actuelle de tous les Peuples se joint ici au témoignage de la Nature entiere, toutes les recherches que l'on peut faire tendent à confirmer de plus en plus ce fait extraordinaire. Par tout on institua des Fêtes pour rappeller le souvenir du renouvellement du Genre humain. Ces Fêtes ont varié selon le génie des Nations. Leur premiere ordonnance s'est altérée par le laps des temps; quelques Peuples ont perdu jusqu'au souvenir du véritable objet de leur institution ; mais leurs ressemblances marquées absorbent ce qui les défigure & les diversifie. On retrouve par-tout le même esprit; ce qui est inconnu s'explique par ce que l'on connoît, ce qui est obscur & caché par ce qui eſt clair & authentique.

Telles ſont les *Hydrophories* ou les Fêtes du Déluge à Athènes, & la Fête de la Déeſſe de Syrie à Hiéropolis. Le nom même d'*Hydrophories* déſigne l'uſage où étoient les Athéniens de porter en mémoire du Déluge, de l'eau dans des vaſes qu'ils jettoient dans un gouffre voiſin du Temple de Jupiter Olympien. On connoît l'antiquité de ce Temple; elle ſe perd dans celle des Nations. On attribue même ſa fondation au Deucalion de la Fable. Quand on ſe perſuaderoit que le Déluge de Deucalion n'eſt pas le Déluge univerſel, toujours ſeroit-il certain que l'on le confond ſouvent avec celui de Noé: car telles ſont la plûpart des rapsodies de l'Histoire ancienne, on y mêle sans cesse la vérité avec le mensonge. D'ailleurs cette effusion d'eaux est trop généralement pratiquée, pour ne pas rappeller par-tout où on la trouve, un fait authentique & important.

Ce qu'on croyoit à Athènes, on le croyoit aussi par toute la Grèce. On y voyoit les mêmes usages, on y offroit des sacrifices qui sembloient rappeller celui de Noé au sortir de l'Arche. Dans toute l'Asie la mémoire du Déluge s'est conservée en mille manieres; les *Pelories*, les *Anthisteries*, les *Saturnales*, ne sont que des commémorations du Déluge. On parle par-tout d'un homme qui fut le second pere du Genre humain, que les Dieux sauverent parcequ'il étoit juste & qu'ils destinerent à renouveller son espèce. (Si dans quelque Contrée, si dans les Fables des Poëtes, & les rêveries des Philosophes, cette Histoire est défigurée, si quelques-uns font sortir les hommes de la Terre; si d'autres composant avec la Nature & la Divinité, sauvent plusieurs familles, au lieu de n'en sauver qu'une seule, ces foibles nuances disparoissent dès qu'on les observe de près. Leur peu d'authenticité les décrie, leur peu de vraisemblance les anéantit. Ces chimeres s'éclipsent en un moment, dès qu'on les compare à des récits mieux suivis, plus raisonnables & plus respectés.)

Les Chinois, ajoute M. Boulanger, ce peuple si singulier & qui paroît avoir si peu de liaison avec tous les autres, a aussi son Déluge, & son second pere du Genre humain. Un certain Peyrum, dont le nom retentit pendant la Fête des Eaux, fut selon la tradition Chinoise, un Roi juste & vertueux. Ses sujets habitans d'une terre fertile, devinrent si méchans, que les Dieux les punirent par une inondation qui les submergea. Peyrum qu'ils protégeoient, se sauva dans une barque avec toute sa famille.

Il n'y a pas jusqu'aux Nations Sauvages qui n'ayent conservé la mémoire du Déluge. L'effusion des eaux eſt pratiquée par toute la Terre ; tous les Peuples ont conſervé les anciens uſages, avec cette ſeule différence que pluſieurs ont oublié le principal objet des cérémonies qu'ils pratiquent journellement.

On doit commencer à ſe douter que tous les hommes ont puiſé à la même ſource. On voit bien que le Déluge ſi univerſellement atteſté, ainſi que l'unité des Fêtes inſtituées pour en rappeller le ſouvenir, (rappellent en même temps tous les humains à une même origine.) On voit que tout nous prouve qu'il fut un temps où les Habitans de cette malheureuſe Terre avoient les mêmes idées religieuſes, rendoient à Dieu le même culte, & recevoient à-peu-près la même tradition.

(Effectivement si les raisonnemens que l'on vient de faire sur l'universalité du Déluge n'admettent aucune réplique, on sent bien que des raisonnemens semblables doivent dans des circonstances pareilles, avoir la même force & la même autorité.)

Assurément cette croyance générale du Genre humain n'est pas difficile à reconnoître. Quelle que soit la cause des idées religieuses qui sont restées si anciennement dans tous les esprits, ces idées sont encore aujourd'hui à-peu-près les mêmes, & elles remontent à la plus haute antiquité.

Tous les hommes ont connu les sacrifices de reconnoissance & d'expiation (si différens par leur institution & leur objet;) tous ont cru les Dieux irrités contre le Genre humain; tous même, selon M. Boulanger, ont attendu de tous les temps un dernier Juge, un grand Réparateur qui devoit détruire le péché, renouveller l'Univers, & sanctifier le Genre humain.

Quand les traditions des Grecs, des Chinois, des Perses, des Hébreux, des Egyptiens, des Phéniciens, de tous les Peuples de l'Asie, c'est-à-dire celles des plus anciens Peuples; quand celles des Européens même & des Habitans de l'Amérique ne parleroient pas les unes clairement, les autres d'une maniere plus confuse, de la Création, du Cahos, de cette volonté toute-puissante qui a prescrit des loix à la Nature, de l'entrée du mal dans ce malheureux monde, de la guerre des Dieux, des trois enfans de Noé si connus sous divers noms, du premier état d'innocence, de la Fable de l'âge d'or & du siecle de Fer ; quand ce tissu de Fables (& de vérités qui ont un ensemble si visible,) n'auroit pas une authenticité incontestable ; quand toutes les cérémonies, tous les usages, & toutes les traditions ne se constateroient & ne s'expliqueroient pas réciproquement, la seule connoissance du secret des anciens mysteres nous découvriroit suffisamment l'antique foi du Genre humain. (Véritablement ici tout se confirme, tout se tient, tout s'éclaircit. Car si notre Réligion est vraie, elle a dû commencer avec le Monde. Il est évident que si Moïse n'est pas le plus hardi & en même temps le plus absurde des imposteurs, ce que personne n'oseroit avancer, le souvenir de notre premiere croyance à dû se conserver le même à quelques égards, & se corrompre par-tout diversement.)

Au reste, il n'est pas surprenant que quelques Sages & quelques Philosophes, comme le remarque M. Boulanger, ayent conservé longtemps la premiere tradition & la premiere foi des hommes dans toute sa pureté. Lisez Plutarque & les Peres des premiers siecles ; lisez leurs Adversaires ; lisez Cicéron, parcourez toute l'Histoire Sacrée & Prophane, vous trouverez partout que de temps immémorial, l'objet de ces mysteres, toujours moins corrompu à mesure que l'on se rapproche de leur source, rappelloit aux initiés la premiere origine du Monde & la foi des Patriarches, dans toute son intégrité. Ces mysteres furent toujours respectés ; ils sont de toute ancienneté ; nul doute à cet égard. Ils ont donc eu un premier motif ; ils ont eu une premiere cause qui fut partout la même. (Il est vrai qu'il faut convenir, malgré qu'on en ait, qu'ils sont tous appuyés sur une même base, & sur des vérités également certaines, utiles & cheres au Genre humain. Ce que dit ici M. Boulanger paroît d'abord vraisemblable; mais dès que l'on s'apperçoit que cette Histoire, la même pour le fond, est aussi, quand on remonte à la plus haute antiquité, la même pour les détails les plus importans, dès que l'on voit que le culte mystérieux fut d'abord par-tout également pur, cela paroît rigoureusement démontré.)

Ecoutons encore notre Philosophe. Les Hébreux, les Chaldéens, les Egyptiens, les Phéniciens,

ciens, les Perses, les Grecs, les
Romains, les Indiens, les Chinois & même les Nations Sauvages avoient leurs mysteres. Ces
mysteres étoient ce qu'il y avoit
de plus respecté & de plus respectable dans toutes les Religions.
A cet égard les Nations idolâtres s'accordent merveilleusement avec ce que nous racontent
les Ecrivains Sacrés. Tout atteste
l'uniformité du premier culte, de
la premiere tradition, des premiers usages, des premieres cérémonies. Chez tous les Peuples, les
cérémonies pratiquées universellement étoient exercées par des
familles de Prêtres à qui le Sacerdoce appartenoit. (Tel fut sans
doute Melchisedech, ce grand

B

Sacrificateur du Dieu vivant; car pour être une figure de Jesus-Christ, il n'en étoit pas, selon toute apparence, un personnage moins réel, comme on le voit dans la Genèse.)

Il est vrai, dit excellemment M. Boulanger, que chez toutes les Nations les cérémonies religieuses étoient relatives tout-à-la-fois à la Politique & à la Religion: mais il y avoit par-tout des Fêtes purement religieuses, & celles de législation étoient entées sur les premieres. Il y avoit encore des dogmes publics, & des dogmes secrets; mais les dogmes publics n'étoient nulle part essentiellement différens des dogmes secrets. Les Fables défigurerent la premiere Religion sans la détruire; la politique s'appuyoit seulement des dogmes déja reçus pour attacher davantage les Peuples à leur patrie & à leurs loix. On leur disoit que Dieu ou les Dieux avoient été leurs premiers Légiflateurs; enfin il y a eu de tous les temps des fourbes qui ont abufé des chofes divines & humaines.

(Il y a aufli toujours eu des hommes qui fous le voile de la philofophie & de l'humanité ont cherché à arracher toute crainte aux puiffans, & toute confolation aux malheureux. Mais revenons à la partie fecrette de la Religion des Anciens.)

L'objet des myfteres étoit, felon notre Philosophe, de rappeller les hommes, (dignes encore d'entendre ces utiles vérités,) au culte d'un seul Dieu créateur du Ciel & de la Terre. On leur rappelloit qu'ils marchoient toujours en sa présence, qu'il remplissoit tous les lieux, qu'il voyoit le fond de tous les cœurs; (que semblables à Abraham, à Jacob & à tous les Patriarches, nous n'étions sur la terre que comme des voyageurs;) on apprenoit aux initiés que cette vie n'étoit qu'un passage, qui devoit préparer à une vie meilleure; que comme on le voit en mille endroits de l'Ancien Testament, l'Eternel devoit créer de nouveaux Cieux & une nouvelle Terre. On leur disoit qu'ils devoient penser sans cesse à ce grand Juge qui détruira ce monde pour le purifier ; tout cela prouve de plus en plus l'unité, la grandeur, la sainteté (& la vérité) de la premiere Religion, (telle que Moyse nous la dépeint.) Mais il ne sera plus possible d'en douter, si nous rapprochons avec M. Boulanger, ce que l'on disoit en secret, de ce que l'on enseignoit publiquement & de ce qu'a cru la foule des Nations dans la plus haute Antiquité.

La croyance de l'immortalité de l'ame, celle de la fin du monde un peu moins divulguée que la premiere, l'attente d'un Libérateur ; ces trois opinions également anciennes furent toujours inséparables. On a parlé de tous les temps de la venue de celui qui devoit rétablir toutes choses. Moyse nous présente cette opinion comme aussi ancienne que le monde. (Effectivement Dieu renouvella son alliance avec Noé; il éclaircit en parlant à Abraham ce fameux verset de la Genése, où il est dit *que la femme écrasera la tête du Serpent.* Il renouvella la même promesse à Isaac & à Jacob. Comment cette promesse ne se feroit-elle pas perpétuée de race en race, au moins depuis la vocation d'Abraham ? Abraham pere des Ismaëlites & des Juifs a peuplé la moitié de la terre. Cette promesse fameuse a passé de siécle en siécle à la postérité la plus éloignée. Cette magnifique attente s'est montrée de toutes parts sous toutes les formes possibles; aussi ancienne que le monde, il semble qu'elle doive durer autant que lui.)

M. Boulanger continue ainsi : Le Schilo promis à Abraham & à Jacob, le Messie des Juifs & des Chrétiens, le Bachus des Grecs, l'Osiris des Egyptiens, ne montrent sous diverses formes que ce grand personnage qui devoit changer la face des choses. Toute l'Histoire ancienne prouve que Bachus & Osiris ne sont d'ordinaire qu'une même personne. Une foule d'autorités nous enseigne que l'on attendoit le retour de ce Bachus ou de cet

Osiris. (Les Païens se trompoient sans doute, & se trompoient bien ridiculement, en faisant sauver le Genre humain par un simple homme qui n'avoit été que Philosophe ou Conquérant; mais ils ne se trompoient pas en attendant ce grand Réparateur. Comme cette fameuse tradition d'un Libérateur qui devoit bénir les Nations, étoit célébre & authentique ! aussi connue qu'importante, comme elle s'est étendue! comme elle s'est developpée à mesure que le monde s'est peuplé !)

Pour peu que l'on rapproche, dit encore M. Boulanger, les mysteres, le cérémonial figuratif, & les fables les plus anciennes
des

des oracles des Sybilles ſi reſpectés de tous les temps, il eſt impoſſible de méconnoître un tant ſoit peu l'uniformité, l'enſemble & la nature de la premiere Hiſtoire, & de la premiere Religion. Bacchus, diſoit-on tout haut, dans les myſteres, (c'étoit apparemment lorſque les myſteres avoient été déja un peu gâtés par les fables,) Bacchus devoit détrôner Jupiter & ramener l'âge d'or ſur la terre. Dans les Saturnales, dans les fêtes qui lui étoient conſacrées, on appelloit Bacchus à grands cris; on le prioit de revenir dans une ville où ſon culte étoit établi. Une tradition ancienne apprenoit à ce Peuple que ce culte ſeroit changé par

C

l'arrivée d'un nouveau Dieu. Selon Diodore de Sicile, les Ethiopiens avoient un Oracle qui leur annonçoit la venue de deux étrangers qui devoient purifier leur patrie & les rendre heureux.

M. Boulanger remarque encore que chez les Athéniens & chez plusieurs autres Nations, les Temples, comme chez les Hébreux, ne s'ouvroient qu'une fois l'année. Par-tout le culte étoit figuratif & commémoratif tout ensemble. Quelques-uns jettoient un agneau dans l'abîme, ce qui ressemble beaucoup au Dieu Apis des Egyptiens, à l'agneau des Hébreux, & au bouc émissaire qu'ils lâchoient dans le désert, après l'avoir chargé des péchés de la Nation. Les Prêtres en plusieurs contrées, (sans savoir ce qu'ils faisoient, mais pleins de respect pour un usage ancien) n'ouvroient qu'un seul jour de l'année une porte de leur Temple, ce qui s'explique à merveille par un autre usage des Hébreux. On sait que le Grand-Prêtre n'entroit qu'une fois l'année dans le Sanctuaire, en criant à haute voix : *Ouvrez - vous portes du temps & de l'Eternité, ouvrez-vous & le Roi de gloire entrera.*

(Voila ce qui prouve encore en passant, l'injuste chicane que nous font ceux qui reprochent à Moyse de n'avoir pas parlé assez clairement de l'immortalité de l'ame, lui qui a tant parlé du Meſſie, du Dieu d'Abraham, d'Iſaac & de Jacob, lui qui nous apprend que ces ſaints Patriarches ont dit en mourant qu'ils n'avoient vécu ſur la terre que comme des Voyageurs ; car il ſemble qu'il ne ſe ſoit occupé qu'à figurer par-tout le regne à venir du Meſſie & la patrie des Juſtes. Mais M. Boullanger met cette vérité dans le plus grand jour, comme nous le verrons bientôt, en examinant de plus près ſes conſéquences & ſes principes.) *

Quoiqu'il en ſoit j'ai extrait le plus fidélement & le plus briéve-

---

* Ici finit l'Extrait de M. Boullanger.

ment qu'il m'a été possible, les savantes recherches de M. Boullanger. J'ai tâché de lier & de concentrer en quelques pages ce qui manque quelquefois d'ordre & de suite dans les trois gros volumes de l'*Antiquité dévoilée*. Il est vrai que je finirai ce chapitre par un résultat un peu différent du sien. On n'aura pas de peine à le deviner; car, en vérité, les conséquences étoient plus faciles à tirer que les principes n'étoient aisés à établir. Nous examinerons bientôt les conclusions de M. Boullanger; mais en attendant voici les nôtres, & probablement celles de tout lecteur un peu sensé.

Ce que l'on vient de lire prouve,

ce me semble, invinciblement un Déluge universel, & l'unité d'une tradition respectable & authentique qui ne peut être fausse parcequ'elle remonte de siécle en siécle jusqu'à l'origine des choses qu'elle nous apprend. Cette tradition renferme au moins le précis de ce qu'il y a de plus intéressant dans la Genèse. Voilà donc la création, la chûte de l'homme & le Déluge prouvés en rigueur, & par conséquent la Religion démontrée par ses plus cruels ennemis. Je suis persuadé que ceux qui n'ont pas lû l'*Antiquité dévoilée*, ne devineront jamais les conséquences que l'Auteur substitue à ces réflexions si simples que le bon sens nous a d'abord suggérées. Je crains même que l'on ne m'accuse d'attaquer un peu lourdement son résultat. On pourra penser qu'il ne valoit pas une réplique, que j'aurois dû m'en tenir à ce premier chapitre ; qu'il est des choses si claires qu'il ne faut point faire mention des objections, parcequ'on voit d'abord qu'un homme un peu raisonnable ne pourra rien objecter. Ces reproches que je me fais d'avance, ne seroient peut-être que trop bien fondés. Mais, je l'ai déja dit, comme j'écris pour tout le monde, j'aime mieux en trop dire que de n'en pas dire assez, & d'ailleurs je devois aux admirateurs de M. Boullanger la réfutation de ses sophismes. J'en espere beaucoup. Puisqu'ils croyent au Déluge, leur imagination commence à s'accoutumer aux événemens extraordinaires. S'ils vouloient pousser jusqu'à la création, leur conversion seroit bien avancée. Cette tradition si universelle, comme M. Boullanger le dit à chaque instant, s'est conservée & obscurcie précisément comme on sent qu'elle devoit s'obscurcir & se conserver. Dès que l'on suppose la vérité de cet enchaînement de mysteres & de miracles que Moyse a transmis à la postérité ; dès que l'on ne le regarde plus comme un homme ordinaire, on n'est point surpris de trouver tant de différence entre les livres qu'il nous a laissés

& toutes les autres traditions des hommes. Si la nature humaine est effectivement affoiblie & dégradée, & pourtant chere encore à son maître, il n'est pas étonnant que l'on trouve en tous lieux des traces de ses erreurs & de sa foi. Sans porter si loin son esprit, on sent même que la corruption & la folie ont dû faire plus de progrès que la sagesse & la sainteté. Mais quelle obligation n'a-t-on pas à M. Boullanger d'avoir recueilli si soigneusement ces magnifiques débris de la premiere croyance & de la premiere Histoire du monde ? Il vient de décrier pour toujours les petites objections des Incrédules, non qu'elles ne fussent tombées avant lui devant tout esprit raisonnable; mais il falloit qu'une Société de Savans & d'esprits forts missent leur sceau sur des vérités que les Chrétiens instruits avoient toujours reconnues & prouvées. C'est comme disoit si bien Descartes, c'est si peu de chose que la vérité quand elle est toute seule, & par malheur elle est souvent isolée pour ceux qui ne croyent pas à la Religion, quand elle n'est soutenue que par ceux qui la croyent. Graces à M. Boullanger, toutes les objections deviennent des Apologies. Tout ce que Marsham dit des anciennes coutumes que les Hébreux ont prises des Egyptiens, constate & honore les vérités de la foi, depuis que l'on a si bien montré que la plupart de ces cérémonies commencent avec le monde. Ce que les Chrétiens disoient quelquefois trop légérement aux hommes ordinaires, M. Boullanger vient de le prouver aux gens d'esprit. On pourroit dire que lui & ses amis ont établi leur réputation de science & de bonne foi, au péril de l'incrédulité. On seroit presque tenté de croire que cet ouvrage est une fraude pieuse. Quoi qu'il en soit nous allons comparer ce que l'on dispute encore, avec les aveux importans que l'on vient de nous faire.

CHAPITRE II.

Examen des conséquences que l'on tire des vérités que l'on vient de nous accorder.

Après les aveux que nous venons de faire avec M. Boullanger, si nous voulions abjurer la Religion dans laquelle nous sommes nés, je ne vois plus qu'une maniere d'éluder les difficultés. Il faudroit tâcher de nous persuader que le monde est éternel, qu'une infinité de révolutions, éternelles comme le monde, ont presque détruit tous les habitans de la terre une infinité de fois. Il faudroit s'imaginer qu'à chaque révolution, le hasard ou la nature a épargné surnaturellement un petit nombre d'hommes. Il faudroit croire que de tous les temps, l'effroi de ces tristes témoins des malheurs de la terre, a produit par-tout les mêmes phénomenes. Il faudroit se figurer que de toute éternité, la crainte a tourné les ames du côté de la Religion; qu'à chaque révolution un peu considérable, elle a imprimé dans les cœurs une foi simple & pure; que cette foi si sainte a pourtant inventé par-tout des fables sublimes; & enfin que ces fables ont été les mêmes en tous lieux, non seulement pour le fond des dogmes & de la tradition, mais encore pour la plupart des détails

& des circonstances. Tels sont les miracles qu'il faut recevoir pour se débarrasser de ceux que les Chrétiens veulent persuader à leurs adversaires. Voila en effet ce qui a paru tout-à-fait évident à l'Auteur de l'Antiquité dévoilée. Avant d'examiner les choses de près, je vais tâcher de réfuter d'abord ces extravagances aussi briévement que je les ai exposées.

C'est donc ainsi que raisonne dans un siécle philosophique, un homme qui médite depuis trente ans avec tous les beaux esprits de sa secte. Est-il concevable que l'on se perde à plaisir dans une infinité de révolutions successives, qui auroient fait disparoître une infinité de fois toutes les connoiſſances humaines. Eh! pourquoi recourir à cette infinité de révolutions, ſi elles ne donnent toujours que les mêmes réſultats? Si les mêmes idées religieuſes ſe développent néceſſairement & de toute éternité, ſoit qu'on en trouve ſeulement la ſource intariſſable dans les eſprits des hommes, ſoit que l'on joigne à leur penchant invincible, la néceſſité des circonſtances dont ils ſont environnés; dans l'une ou l'autre ſuppoſition, n'eſt-ce pas toujours dire à-peu-près que la Religion révélée, en quelque ſorte éternelle & néceſſaire, embraſſe forcément tout le paſſé & tout l'avenir? En vérité! quand une pareille Religion pourroit être fausse ; quand on se persuaderoit sans motif que la Nature a peut-être voulu nous tendre un piége inévitable, ne faudroit-il pas encore s'efforcer de la croire & se garder de la blasphêmer? Un but aussi général, aussi marqué, aussi analogue à nos besoins, pourroit-il donc être une efficace d'erreur préjudiciable au Genre humain? Il me semble que si je recevois cette hypothèse qui implique contradiction, je regarderois encore la croyance de cette sainte erreur comme un devoir. Oui, certes, je cesserois plutôt de croire à l'uniformité des voyes de la Nature relativement à ce monde, que de ne pas

pas penser qu'elle ne nous trompe ici que pour nous servir.

Il est vrai que le syftême que je viens de mettre sous les yeux du Lecteur, paroît d'abord si étrange, que l'on m'accusera peut-être d'avoir grossi les sophismes de M. Boullanger ; j'avoue que je les peins fortement, mais je jure que je ne les ai point dénaturés. Si on se donne seulement la peine de lire la Préface de l'Editeur, on verra qu'il affirme nettement tout ce que je viens d'exposer. Je dis plus, M. Boullanger n'a pu s'empêcher de le dire ou de l'insinuer. Qui ne voit que si au lieu de ne penser qu'à la derniere révolution qui a, selon lui, converti le Genre humain, on porte ses regards, (ce que l'on ne manquera jamais de faire) jusque sur celle qui l'a précédée, il faudra nécessairement renoncer pour toujours à ce ridicule miracle, ou l'admettre à chaque désastre un peu considérable ? Si on y renonce une seule fois, que devient le systême de M. Boullanger ? Si on l'admet sans restriction, ne retombe-t-on pas dans le cercle absurde dont nous venons de parler ? Mais par bonheur, que l'on tienne ferme à ce principe, que l'on le dissimule, ou que l'on l'abandonne tout-à-fait, on n'en aura pas moins prouvé le Déluge & l'unité d'une même Tradition.

Il faut l'avouer, les aveux de

M. Boullanger font des vérités aussi palpables que ses conséquences sont forcées & absurdes. Elles sont telles qu'on pourroit se contenter des réflexions que nous venons de faire. Je les crois si décisives, que je ne parlerai seulement pas de ce qu'il en doit coûter à l'instinct & à l'imagination, pour supposer une espéce d'ordre & de désordre aussi contraire à la raison qu'à l'expérience. Comme je ne fais point un Ouvrage de Métaphysique, je ne dirai point non plus tout ce qu'il y auroit à dire contre le progrès à l'infini. J'observerai seulement qu'il faut prendre les hommes comme ils sont, & que de la maniere dont nous sommes faits, la certitude d'un Déluge universel nous réconcilie naturellement avec les miracles. Dans cette situation, nous devons croire ce semble, plutôt Moyse que M. Boullanger. Cet habile homme qui a tant médité, n'a seulement pas vu que ceux qui admettent l'éternité du monde, ne croyent pas à l'éternité des accidens, assez ou presque assez considérables pour détruire une Planète avec tous ses Habitans. Mais sans doute il a voulu éloigner ces réflexions de ceux qu'il endoctrinoit ; il a cru qu'ils prendroient le change. Il a imaginé qu'en ne leur parlant guères de la création, ils n'oseroient guères y penser, ou qu'ils croiroient cette question étrangere à toutes les autres. Il paroît pourtant que l'Editeur a senti qu'il y avoit bien quelque chose à dire sur tout cela, mais il a cru y remédier par quelques phrases qui ont encore plus de nombre que de sens. Il s'est flaté apparemment *que nous trouverions*, comme lui, *dans les entrailles de la terre, l'étoffe de mille mondes brisés*, plutôt que celle d'un seul.

Venons au détail : les extravagances comme les vérités frappent d'abord singulierement les moindres esprits, dès qu'on les réduit à l'exposé le plus simple; mais elles révoltent tout autrement quand on les développe après les avoir simplifiées. M

Boullanger se félicite des preuves que le Déluge bien constaté fournit aux incrédules. « Que
» vouliez-vous, s'écrie-t-il d'un air
» attendri, que fissent des mal-
» heureux qui venoient de voir
» périr le Genre humain ? Le Dé-
» luge leur avoit donné de l'hu-
» meur contre les affaires de ce
» monde mortel ; ils devinrent
» tous religieux & misantropes.

Je me contenterai de faire ici aux disciples de M. Boullanger une petite objection qui n'a pu échapper au moindre de ses lecteurs. Je crois qu'il n'en est guères qui n'ait été tenté de lui demander si avant le Déluge, les hommes n'avoient ni Histoire, ni Religion ; si le Déluge a fait entrer comme de force, dans tous les esprits, des idées absolument nouvelles; s'il leur a rappellé des faits dont ils n'avoient jamais ouï parler. Je ferois curieux de savoir si M. Boullanger s'est persuadé sérieusement que l'on a cru par toute la Terre qu'il falloit inventer une fausse Religion, dès que l'on avoit échappé à un Déluge universel ?

« Selon M. Boullanger, les
» calculs, les symboles & les allé-
» gories acheverent de séduire les
» malheureux mortels ; par-tout
» on chercha l'illusion aux dé-
» pens de la réalité. Les mêmes
» erreurs abuserent le foible Genre
» humain dans tous les lieux &
» dans tous les temps. Par exem-

» ple, la fable des Géans, la guerre
» des Dieux entre eux, & des
» Dieux avec les hommes, n'é-
» toient que des allégories qui
» repréfentoient la guerre des Elé-
» mens, les révolutions de la Na-
» ture, la deftruction d'un Monde,
» le renouvellement de celui qui
» lui avoit fuccédé ».

Sans entrer dans le détail des fymboles que les hommes ont pu divinifer dans la fuite, il eft facile, je crois, de féparer ici l'effentiel de l'acceffoire. Je ne combats ni ne foutiens le fyftême de M. Pluche que l'Auteur s'eft approprié; mais il n'a pas vu probablement combien ce fyftême lui étoit préjudiciable. Ce font précifément les variétés qui rendent les uniformités

formités plus respectables; les erreurs font mieux ressortir les vérités. Par-tout on a cru les mêmes faits. Les emblêmes & les allégories si différentes selon les climats & le génie des Nations, cet alliage monstrueux n'auroit point fait éclore par hasard & de tous côtés la même Histoire & la même Religion. Tous les hommes n'auroient point cru si universellement la création, la chute de l'homme, le serpent de l'Ecriture, ou celui des vers Orphiques, Eve ou Pandore, la longue vie des premiers hommes, le Déluge qui n'étoit que la punition de leurs crimes, la conservation miraculeuse d'un seul Juste & de sa famille, Babel, ou les Géans,

& la promesse d'un Rédempteur. Mais non seulement tous les hommes ont cru cet enchaînement de miracles & de mystères, ils les ont même tous rangés à-peu-près dans le même ordre.

Comment M. Boullanger n'a-t-il pas senti d'ailleurs que pour que ce qui n'étoit qu'allégorique dans son origine, eût répandu les mêmes fables dans le monde entier, il faudroit remonter à un temps où tous les hommes ne composoient qu'un seul Peuple & même une seule famille, & qu'alors on en reviendroit à l'histoire de Moyse qu'il faudroit croire depuis le commencement jusqu'à la fin ? Au surplus tout le système de M. Boullanger combat cette opinion, (qu'il fait rentrer, je ne sais trop comment, dans son syſtême,) puiſque ſelon lui, tous les hommes échappés à la fureur des eaux, ont rendu à la Divinité à-peu-près le même culte & ont reçu la même tradition. M. Boullanger n'a pas pris garde non plus que tout s'explique dès que l'on a apperçu que l'on croyoit par-tout le fond des mêmes faits, qu'on les a défigurés par-tout diverſement. Oui, partout il y a eu des Philoſophes & des Poëtes, ils ont tous allégoriſé, nié, affirmé, expliqué l'ancienne tradition; chacun l'expliquoit à ſa manière, & rien n'a pu effacer ces veſtiges antiques & ſacrés qui déſoleront toujours l'incrédulité.

Au reste M. Boullanger ne concentre guères ses preuves: il n'approfondit jamais rien: il passe d'un sujet à un autre sans prévoir aucune objection: il cache même autant qu'il peut l'enchaînement qu'il veut donner à ses pensées. Il n'a de l'ordre que lorsqu'il semble écrire pour la Religion; dès qu'il s'exerce à la diffamer, il se contrarie à chaque instant. C'est une chose curieuse, par exemple, que de lire dans l'Ouvrage même ce qu'il dit de l'esprit cyclique des Anciens.

« La fureur cyclique, suivant
» notre Philosophe, a entretenu
» cette terreur générale & reli-
» gieuse que le Déluge avoit ins-
» pirée à la génération qu'il avoit

»presque détruite. Cet effroi s'est
»propagé avec le Genre humain.
»Les hommes sont devenus ex-
»travagans par régle & par prin-
»cipe; la science & la raison ont
»protégé la folie; on a voulu
»juger du commencement & de
»la fin du monde par des calculs
»astronomiques; on a consulté
»la situation du ciel; on s'est
»réglé quelquefois sur les pério-
»des naturelles; on en a inventé
»d'arbitraires, quelquefois aussi
»on a imaginé une grande pé-
»riode qui renfermoit tout le
»passé & tout l'avenir. L'Histoire
»sacrée est infectée de ces cal-
»culs. Pour peu qu'on y fasse at-
»tention, on voit le cas que les
»Hébreux faisoient des nombres

» & le rôle que jouoit furtout le
» nombre *fept*, qui fervoit de
» racine à tous les calculs de leurs
» centuries ».

On peut répondre, je penfe, fur les cycles comme on a répondu fur les emblêmes; ceci paroît feulement plus évidemment déraifonnable, & M. Boullanger femble fe contredire plus manifeftement. Il auroit dû fentir que cette tradition fi ancienne, comme il le penfe lui-même, a dû précéder l'Aftronomie. Il auroit dû fe rappeller aufli que dans fon fyftême il exifte actuellement des peuples Sauvages qui croyent à-peu-près ce que nous croyons, & qui ne favent pas compter jufqu'à cent. Enfin le calcul fuppofe la chose calculée, & les périodes n'étoient qu'une maniere d'ajuster, par les choses passées, la Raison avec l'Histoire, & de lire dans l'avenir, le temps des événemens que l'on attendoit. Mais je suis honteux de répondre si sérieusement. Quant à ce que l'on trouve une sorte d'harmonie dans les nombres qui désignent les époques des grands événemens, c'est en vérité se moquer de ses Lecteurs, que de les amuser de ces bagatelles. Ne voit-on pas qu'il s'agit de savoir si le monde a l'ancienneté que l'on dit; si Abraham vivoit dans le temps où Moyse nous assure qu'il a vécu; si Jesus-Christ a paru dans la Judée à-peu-près au bout des soixante & dix semaines d'années prédites par Daniel. Si ces choses sont évidemment fausses, nous n'avons pas besoin de nous en prendre à l'Arithmétique ; si elles sont vraies, l'harmonie que nous trouverons dans les calculs, ne doit pas les décréditer. Il me semble que si Dieu a fait le monde, il a bien pu le calculer. Les nombres sont faits pour les choses nombrables, & il n'est pas étonnant qu'il y ait de l'ordre dans les temps, comme il y a un enchaînement nécessaire dans les circonstances. Tout cela n'empêche pas les Rabbins d'avoir fait des calculs absurdes, d'avoir mis ridiculement leur confiance dans des nombres impuissans. M. Boullanger auroit dû savoir que les bons ouvrages & les bons calculs n'ont jamais empêché les hommes d'en faire de mauvais.

L'Auteur de l'Antiquité dévoilée insiste aussi en quelques endroits sur l'ancienneté du Genre humain; & comme il est obligé de convenir « qu'il n'y a pas long-
» temps que le monde n'étoit
» guères peuplé, il s'attache sur-
» tout à rendre raison de ce phé-
» nomène. Selon lui, il n'est pas
» difficile à expliquer; car les
» hommes n'ont point commencé
» par vivre en société, parcequ'ils
» étoient d'abord peu nombreux,
» & le monde n'a commencé à se
» peupler que quand ils se sont
» policés ».

Il est pourtant bien singulier que l'on rebatte toujours cette misérable objection, sans s'appercevoir que cette police & cette société dont on parle sans cesse, suppose la population qui la suppose à son tour. Comment ne sent-on pas toute l'absurdité de ce raisonnement ? Je vais tâcher pourtant de le mettre dans un nouveau jour. Quoique l'on dise & que l'on pense, on est obligé de convenir qu'il fut un temps où la terre étoit cent fois & peut-être cent mille fois moins peuplée qu'elle ne l'est aujourd'hui. N'est-il pas de la même évidence que si l'espèce humaine n'avoit pas été autrefois plus féconde qu'elle ne l'est à présent, (qu'il meurt à-peu-près autant d'hommes qu'il en naît) le monde ne se seroit jamais peuplé?

Il faut toutefois que M. Boullanger ait senti l'insuffisance de sa réplique, car il cherche à l'étayer. « Nos tristes & religieux » ancêtres n'étoient pas, à ce qu'il » croit, fort disposés à faire des » enfans. Les funestes idées qui » ne sortoient pas un moment de » leur esprit, avoient étouffé la » concupiscence. Pourquoi remplir de misérables le séjour du » désordre & de l'adversité? Le » spectacle de la Nature expirante » ne donne pas envie de la renouveller ». On me pardonnera, je pense, de ne pas approfondir cette difficulté.

En vérité on pourroit joindre ensemble toutes les preuves de l'antiquité du monde & les réfuter en bloc ; elles font toutes à-peu-près de la même force. Il n'y a point d'extravagance que l'on n'ait dit fur cette matiere. Quelques-uns en partant du même principe que M. Boullanger, soutiennent encore aujourd'hui dans ce siecle de lumiere, « que les » hommes qui n'ont pû se défen- » dre contre les animaux avant » d'être nombreux & policés, ont » été pendant une infinité de sié- » cles en très-petit nombre ».

Comment donc ce monde s'est-il peuplé ? Pourquoi les bêtes féroces se sont-elles lassées un certain jour, de manger cet imbécille

Peuple, à qui il falloit des milliers d'années pour apprendre quelque chose, & qui pouvoit être dévoré en un quart d'heure?

Toutes ces belles explications prouvent que l'on ne croit que ce que l'on veut croire. Si on rejette l'Histoire de Moyse, ce n'est pas que l'on haïsse absolument les miracles, mais on veut les faire soi-même; & pour y parvenir, il n'y a point de supposition gratuite ou absurde que l'on n'ose tenter. Et pourquoi charger son esprit de tant de subtilités obscures & frivoles? Pourquoi ne pas dire naïvement: nous savons qu'une grande révolution a autrefois ravagé cette Planète; nous savons aussi qu'il fut un temps où les hommes n'étoient pas fort nombreux. Tout le monde convient que ce temps n'eſt pas fort éloigné. Le Déluge ne l'eſt pas non plus, à ce qu'il paroît, par le ſeul Livre ancien & ſuivi qui ait de nos jours quelque authenticité. Quand nous ne conſulterions que le ſens commun, nous penſerions que ceux qui ſont échapés à la fureur des eaux n'étoient pas ſemblables aux Hurons & aux Iroquois ; car le Monde avoit eu le temps de s'éclairer avant le Déluge. Les premiers habitans du nouveau Monde avoient été inſtruits par leurs ancêtres, ils ont inſtruit leurs enfans ; ils étoient accoutumés à vivre en ſociété, ils y ont vécu.

N'est-ce pas mettre au moins en fait ce qui est en question, que de prétendre ou que le Monde est éternel, ou que ses premiers habitans ont passé une infinité de siecles sans pouvoir s'élever au-dessus de l'instinct de la brute. Si Moyse ne nous trompe point sur l'histoire du premier homme, il n'est pas étonnant que la famille de Noë ait été capable d'instruire le nouveau Peuple qu'elle a produit. Mais on conçoit que le Genre humain a dû se peupler plus vîte qu'il ne s'est éclairé. Mille accidens divers ont pu abâtardir ce Peuple naissant, & lui faire oublier en partie ce que ses peres lui avoient enseigné. Apparemment que notre espèce étoit moins stérile dans ces premiers temps qu'aujourd'hui, parce que l'Univers étoit plus jeune & plus vigoureux. D'ailleurs on ne peut disputer contre les faits; le Monde s'est repeuplé; & pour peu que nos ancêtres ayent eu plus de disposition que nous à la population, il est très-croyable que le nouveau Monde n'est guères plus ancien qu'on ne le dit. Au reste, c'est encore une chose de fait: il y a trois ou quatre mille ans tout au plus qu'il y avoit peu d'hommes sur la terre; deux mille ans après elle en étoit couverte; donc il y a quatre mille ans le Monde ne pouvoit être fort ancien. Quel parti prendre? Disputera-t-on sur le plus & sur

le

le moins ? Quand on gagneroit quelques siécles, on n'en seroit guères plus avancé ? Ce n'est pas par centaines d'années, c'est par milliers & par dixaines de milliers qu'il faut compter pour se jetter dans les extravagantes chronologies que l'on oppose à celle de Moyse. Enfin le renouvellement si moderne & si connu des Arts & des Sciences, est une preuve nouvelle de la même vérité.

On peut observer encore que si les hommes du Nouveau Monde étoient en état d'instruire leurs neveux, ceux-ci pouvoient en savoir assez pour fonder des Empires & pour les gouverner, surtout dans ces contrées heureuses & paisibles qui reçurent le premier dépôt de toutes les connoiſſances humaines. Mais la progreſſion de ces connoiſſances n'a pas dû être égale comme nous venons de le voir, à celle de la population ; car il a toujours été plus facile de faire des enfans que de les éclairer, & il eſt encore plus aiſé d'apprendre aux autres le peu que l'on ſait, que de deviner ce que l'on ne ſait pas. Il n'eſt donc point étonnant que les habitans du Nouveau Monde n'en ayent pas ſu en quelques ſiécles autant que ceux du premier pouvoient en ſavoir. D'ailleurs la fureur cyclique dont parle ſi bien M. Boullanger, & même les réflexions du Chevalier Marsham, cet ennemi mortel de la Religion, tout explique les abſurdes chronologies des anciens Peuples. Il eſt vraiſemblable, comme le remarque Marsham, que des Compilateurs ont fait deſcendre les uns des autres, cette foule de petits Rois qui ont régné en même temps; & il eſt auſſi très-probable, comme le remarque M. Boullanger, que les Nations ſe ſont fait faire des titres par de mauvais Aſtronomes. Au ſurplus, que cela ſoit vraiſemblable ou non, que nous importe, ſi tout ce que nous venons de dire eſt ſuffiſamment démontré? Mais quand cela ne le ſeroit pas, on avouera du moins que ces réflexions ſi ſimples & ſi peu ingénieuſes ſont encore plus croyables que les belles Dissertations de nos beaux esprits, les contes des Voyageurs, & les systêmes de M. Boullanger.

Ceux qui auront fait quelqu'attention à ce qu'ils viennent de lire, conviendront sans doute qu'il n'y a rien dont l'esprit humain ne soit capable, lorsqu'il cherche à s'aveugler. Mais voici une preuve nouvelle de cette fâcheuse vérité. M. Boullanger a tant à cœur la promesse du Messie, & le dernier avénement de Jesus-Christ, qu'il ne cesse de feuilleter toutes les Histoires, pour trouver une source ridicule & toute humaine à ce qui l'a toujours embarrassé. Il est vrai que la singularité de cette annonce doit inquiéter les incrédules. Il est fâcheux sur-tout qu'elle s'éclaircisse à chaque instant, qu'elle se détaille de plus en plus, qu'elle ne puisse convenir qu'à Jesus-Christ. Tous les caracteres du Messie se rassemblent de siécle en siécle sur cette tête sacrée. Ce n'est pas seulement un homme privilégié, un homme divin, Dieu lui-même, c'est un Dieu fait homme, un Dieu incarné. Voila vraisemblablement ce qui a engagé M. Boullanger à nous opposer les incarnations des Peuples des Indes, leurs Baptêmes & celles de leurs cérémonies qui ressemblent tellement au Christianisme, qu'il est, dit-il, impossible de s'y tromper.

J'avoue que cette critique me paroît si absurde que j'en conçois à peine le sens. Je passerai ici à M. Boullanger ce qu'il voudra. Les incarnations du Dieu Visnou, dont on a tant parlé, ressemblent-elles donc si parfaitement à celle du Créateur de l'Univers, qui fut avant les temps, qui s'unit avec le monde alors qu'il le créa, qui s'y unit en choisissant la forme du seul être capable de l'adorer, qui avec cette forme humaine ne put se montrer que dans le temps, qui vint prêcher la plus sainte morale que l'on eût encore ouie, qui pratiqua tout ce qu'il dit & ne quitta cette forme périssable que pour sanctifier le Genre humain. Hélas ! il avoit tant besoin de l'être, qu'il fut assez méchant pour faire mourir celui qu'il devoit au moins regarder comme le plus juste des hommes.

Si les petites métempsycoses Indiennes ressemblent au tableau que je viens de tracer, je les respecte, & je dis sans hésiter que Dieu a autrefois révélé ces grandes vérités à ces pauvres Peuples qui en ont mal profité. Si leurs mysteres sont au contraire un mélange absurde de petitesse, de grandeur & de folie, & qu'ils ressemblent pourtant, quoique de très-loin, à la vérité, j'en conclus que les Juifs dispersés depuis long-temps sur la terre, y ont apparemment porté les Oracles sacrés;

sans doute que ce que les Nations savoient de l'ancienne tradition, les a disposés à en conserver précieusement le souvenir; peut-être que ces Oracles même avant d'être accomplis, paroissoient si clairs, quoi qu'en disent les incrédules, que les Peuples les plus stupides les ont à quelques égards entendus comme les Chrétiens, tout en les défigurant. Enfin si chez plusieurs Nations, & même chez des Peuples Sauvages, les dogmes & les cérémonies religieuses ont tant de rapport avec le Christianisme, pourquoi en conclure que les Chrétiens ont dévalisé les Sauvages & les Chinois ? S'il y a dix-sept cens ans que les Apôtres & leurs successeurs entendoient

entendoient la langue de ces Peuples, ceux-ci pouvoient bien entendre celle des Apôtres. Si lors de l'établissement du Christianisme, il n'est pas absolument impossible, comme le pense M. Boullanger, que nous ayons pu embellir la Religion des Chinois, & nous l'approprier; il n'est pas tout-à-fait hors de vraisemblance, que quelques siecles après, ceux-ci auront pu à la fois connoître la nôtre & la défigurer. Mais il seroit à souhaiter que les ressemblances dont parle M. Boullanger fussent aussi frappantes qu'il le croit, si la prédication des Apôtres étoit moins constatée. En un mot, ces ressemblances sont légeres ou marquées.

Si elles font légeres, elles ne prouvent rien; si elles sont marquées, elles prouvent que Jesus-Christ a été prêché à tous les Peuples. En tout, ces observations me paroissent mal-adroites & puériles, & elles seroient parfaitement inutiles quand il n'y auroit rien à y repliquer. Mais M. Boullanger est un peu sujet à cette maniere de procéder. Nous allons en trouver un nouvel exemple dans la comparaison qu'il fait du Temple d'Hiérapolis à celui de Jérusalem.

Il faut pourtant lui rendre justice; il ne parle pas ici bien clairement. Il se contente d'insinuer que le Temple d'Hiérapolis ressemble tellement à celui de

Jérusalem, que le second pourroit bien n'être que la représentation idéale du premier. On me dispensera, je crois, de répondre à cette critique. On sent bien que le Temple de Salomon devoit être mieux connu des Juifs que des autres Peuples; & il n'est pas si facile de savoir assez l'Histoire ancienne, pour montrer combien les Juifs ont enlevé d'ornement au Temple d'Hierapolis, pour les mettre dans la description du leur. Quoi qu'il en soit, les plus anciens Auteurs prophanes ont parlé de Salomon & de son Temple. Quand ils n'en auroient pas parlé alors, les Juifs en parlent aujourd'hui; & si on croyoit que le premier Temple n'a jamais exifté, il faudroit autant croire qu'il n'y a jamais eu de Juifs.

Après avoir écouté ces ridicules objections, il eft temps d'examiner avec M. Boullanger la caufe du fecret des anciens Myfteres. La venue du grand Juge & la prédiction de la fin du monde va jouer ici un grand rôle. M. Boullanger fait un gré infini aux Légiflateurs, d'avoir voulu que l'on tînt le cas fecret; mais par malheur, à ce qu'il dit lui-même, ils n'y ont pas trop bien réuffi. Il obferve en effet, (& il revient fouvent à la charge) qu'Oromaze & Arimane chez les Perfes, Ofiris & Pluton chez les Egyptiens, repréfentoient le bien

& le mal ; à la fin le premier devoit avoir le dessus. Les hommes devoient changer de nature, & devenir tous également sages & heureux. Il est vrai que cette opinion très-ancienne a toujours été fort répandue. Virgile, comme le remarque M. Boullanger, disoit pour flatter Auguste, « que l'antique prédiction de la Sybille alloit s'accomplir, que l'âge d'or alloit revenir, & que le monde ne seroit plus le théâtre du crime ». Il rappelle aussi à cette occasion un autre passage d'Eschile assez singulier : le Poëte mettoit dans la bouche de Promethée ce discours plein d'impiété & de folie, de vanité & de mensonge. « Vous croyez, disoit

»Prométhée aux autres interlo-
»cuteurs, votre Jupiter assis sur
»un thrône inébranlable, j'en ai
»déja vu deux qui ont été chas-
»sés, & bientôt je verrai tomber
»le troisiéme». M. Boullanger a
certainement raison de voir ici
la venue du grand Juge si crainte,
si desirée & si souvent prédite.
Peut-être même que l'on pourroit y trouver trois révolutions.
1.° Celle d'Adam à la fois morale
& physique, puisque les esprits
& les corps changerent en même
temps de nature. 2.° Le Déluge
ou Noë, la vocation d'Abraham
& le renouvellement de la promesse. 3.° La réparation du nouveau Monde, son renouvellement & sa fin. Quoi qu'il en soit,

M. Boullanger remarque souvent, comme nous l'avons déja vu dans notre premier chapitre, que les Poëtes publioient quelquefois ce qu'il y avoit de plus secret dans les mysteres, en les défigurant d'une étrange maniere. Il observe aussi que Platon qui le leur reproche amérement, se moque à la fois des opinions monstrueuses des Nations & de celles des Philosophes. Il condamne la fable des deux Principes. La Divinité, dit ce grand homme, n'est capable que de tout bien ; ce sont les hommes qui ont amené le mal sur la terre.

D'après ces observations, notre Philosophe est un peu embarrassé sur le secret des Mysteres. Car enfin pourquoi, comme il l'obſerve très-judicieuſement, cacher au Peuple la morale ſi pure que l'on découvroit aux initiés ? Si ces opinions étoient dangereuſes, il ne falloit point ſouffrir qu'on les enſeignât dans les Myſteres, & encore moins que l'on publiât les fables que nous venons de rappeller. Le commun des hommes n'étoit-il fait que pour recevoir les opinions les plus extravagantes & les plus monſtrueuſes ?

M. Boullanger, pour trancher en deux mots cette difficulté, prétend que la venue du grand Juge, & la deſtruction plus ou moins prochaine de l'Univers, préſentées ſi gravement, entourées d'une morale auſſi pure que

JUSTIFIÉE. 81

celle qu'on enseignoit dans les Mysteres ; il dit que de tels dogmes ainsi présentés, auroient pu faire trop d'impression sur les esprits. On n'auroit plus pensé aux choses de ce monde, on n'auroit vu que des Peuples de Saints qui seroient bientôt devenus des Nations Sauvages. Au lieu de labourer la terre & de servir sa patrie, on auroit prié Dieu du matin au soir. M. Boullanger ne s'en tient pas-là. Il nous conte deux ou trois petites Histoires. Il nous parle de certains Philosophes si religieux, & qui parloient si bien à leurs disciples, que ceux-ci se tuoient ordinairement au sortir de la conférence, pour aller habiter un monde plus parfait. Il paroît en tout à M. Boullanger que le dogme de l'immortalité de l'ame est barbare, funeste, désespérant & contraire à toute bonne législation. Il semble craindre un suicide universel, si jamais tous les hommes étoient convaincus jusqu'à un certain point de cette grande vérité. Il dit pourtant aussi en plusieurs endroits, car il se contredit souvent, que la crainte de voir bientôt finir le monde, auroit pu répandre une telle épouvante parmi tous les Peuples, que la tête leur auroit entiérement tourné.

Tout cela prouve que M. Boullanger s'allarme facilement; car il n'étoit assurément pas difficile de parer à tous ces inconvéniens. Il ne falloit pas avoir un grand génie pour dire au nom des Dieux que le monde ne devoit pas finir le lendemain, que le suicide étoit un crime détestable aux yeux de la Divinité, & que pour être heureux dans le Ciel, il falloit sur la terre aimer sa patrie & la bien servir. Les initiés aux Mysteres n'étoient pas, ce me semble, trop contemplatifs; ils étoient, témoin César, Cicéron, &c. comme les autres hommes, Politiques, Guerriers, ou Philosophes, selon les circonstances & le caractere de leur esprit.

Il n'est pas trop vraisemblable non plus que la croyance à un seul Dieu ait dû rendre les hommes plus timides, plus malheureux & plus méchans; mais il n'étoit pas trop facile de changer la foi des Nations lorsqu'elle fut altérée. Ce que le temps & des fourbes adroits avoient dénaturé, s'étoit tourné en habitude. Insensiblement les plus ridicules mensonges avoient pris de la consistance. L'autorité avoit protégé les folies que les passions avoient accréditées. Il est vrai qu'un roi légitime ne laisse guères changer entre ses mains la Religion de son Peuple. On ne trompe point quand on peut ordonner; mais un vil séducteur, un homme qui ne tient son pouvoir que des vices & des passions humaines, est plus accommodant. Tout se corrompt peu à peu. Le Monarque lui-même peut être quelquefois trompé sur des bagatelles qui deviennent tous les jours plus considérables.

Il n'est donc pas difficile de concevoir comment l'ancienne Tradition s'est altérée ; une fois qu'elle l'a été, selon le génie des Nations, la réforme étoit dangereuse, & peut-être impossible à un simple homme, comme l'expérience ne l'a que trop bien prouvé. Au surplus, cette question qui peut se résoudre de cent façons, consiste seulement à montrer comment la foi des Peuples, peu de temps après le Déluge, est devenue si différente de celle des Sages. Mais on peut dire en général, que les Législateurs n'ont fait, sur-tout en matiere de Religion, que modifier, perfectionner, ou corrompre légerement ce qu'ils avoient trouvé tout établi. Ce raisonnement peut se répéter avec le même succès, depuis le commencement de l'idolâtrie jusqu'à présent. Voila comment les Souverains les plus sages, & les Législateurs les plus éclairés, ont laissé subsister pendant tant de siecles, des pratiques & des cérémonies absurdes qu'ils ne pouvoient approuver. Aucun Législateur n'a inventé les dogmes mystérieux. L'homme n'a rien montré à l'homme; les hommes ont seulement corrompu les vérités que Dieu lui-même leur avoit enseignées. Mais on ne vouloit pas sans doute que la connoiffance inutile des Myfteres troublât la tranquillité publique, & les Prêtres craignoient que les chofes faintes ne fuffent profanées: ce qui feroit arrivé inévitablement. Enfin, par-tout il étoit défendu de fe moquer publiquement du culte que les gens fenfés méprifoient en fecret ; & par-tout les cœurs purs & les efprits droits ont toujours refpecté la Religion & les coutumes reçues par la légiflation qui la protégeoit. L'honnête homme qui vit fous la fauve-garde des Loix, commence par leur obéir. Ce n'eft pas qu'il ne puisse quelquefois braver la mort pour apprendre à ses semblables des vérités saintes & utiles ; mais il faut en être fortement persuadé ; il faut s'imaginer & penser qu'on obéit à son Dieu. Qu'un Missionnaire, qu'un Héros Chrétien aille prêcher Jesus-Christ en Chine ou chez les Hurons, c'est à ses périls & fortunes qu'il le prêche ; il meurt s'il ne persuade.

Il ne me reste plus qu'à rendre justice à M. Boullanger sur la maniere dont il parle des Mysteres de l'ancienne Loi. Il a si bien prouvé que toute la Loi de Moyse n'étoit que figurative, que je ne puis mieux finir qu'en renvoyant à son livre tous les Chrétiens

Chrétiens éclairés qui voudront s'affermir dans leur foi.

CHAPITRE III.

Comparaison de la Religion des Philosophes & des Peuples, avec celle de Moyse & de Jesus-Christ.

J'AUROIS pu finir ici cet Extrait, cette Paraphrase ou cette Réfutation ; car je ne sais trop encore quel titre il faudroit donner à cet Ecrit. La Religion vient d'être prouvée contradictoirement par une Compagnie d'Esprits forts qui auroient tous signé de leur sang ce livre si terrible, qu'ils ne cessoient d'annoncer & de faire annoncer publiquement depuis plusieurs années. Je crois cependant qu'il sera bon de finir par une comparaison qui nous remettra devant les yeux la grandeur & l'utilité du Christianisme, la nécessité de le protéger & de le défendre, le bien qu'il a fait aux hommes, & la différence qu'il y a entre la Religion enseignée par Moyse & par Jesus-Christ, & celle des Idolâtres & des Philosophes. Nous allons voir d'abord comment, à l'exception des Juifs, & des Chrétiens, on a su tirer parti de ces vérités si connues & si cheres au Genre humain.

C'est à vous, Monsieur, à qui j'adresse la fin de cet Ouvrage;

à vous qui avez écrit l'Histoire de la vie de M. Boullanger, & qui êtes l'Editeur de son Livre. Je vais d'abord vous tracer d'après votre Architecte,* & d'après tous les amis & les ennemis de notre Religion, le tableau fidele de celles de tous les Peuples du Monde, & des fruits qu'elles ont porté.

Depuis ce terrible désastre qui n'épargna qu'une seule famille selon Moyse, & qui en épargna quelques-unes selon M. Boullanger, vous savez que les hommes vécurent d'abord dans la crainte de ce Dieu unique qui les avoit formés. Ils crurent longtemps

---

* M. Boullanger étoit bon Architecte.

que cette vie n'étoit qu'un passage, une espece de pénitence, fruit inévitable de la dépravation de notre Nature. Ils crurent même, comme on le voit à chaque page de l'Antiquité dévoilée, qu'un événement plus terrible à la fois, plus salutaire & plus décisif que celui qui venoit de ravager la terre, devoit un jour changer entiérement la face des choses, en perfectionnant à jamais le Monde physique & le Monde moral.

Cette fameuse promesse que *la race de la Femme écraseroit la tête du Serpent*, se transmit apparemment d'âge en âge. Aussi authentique que consolante, elle aida le foible Genre humain à supporter les maux dont il se voyoit assiégé. Dans les temps les plus reculés, on commença à entrevoir qu'une créature plus excellente que l'espéce humaine, devoit unir le Ciel avec la Terre, & réconcilier l'homme avec son Maître. On retrouve au milieu de toutes les Fables les plus antiques, ce que la Genèse nous enseigne de plus sublime & de plus important. On trouve de tous côtés les magnifiques débris de l'Histoire d'Adam & d'Eve, de la désobéissance du premier homme; on y trouve sa chute, la mort que son péché a introduit dans ce triste Univers, & la consolation qui suivit immédiatement le premier remords, comme la punition avoit suivi le premier crime. Mais par malheur cette tradition toujours noble & grande au premier coup-d'œil, & qui nous découvre toujours une raison sublime dès que l'on commence à l'approfondir, ne tarda pas à se corrompre & même à se dénaturer; je ne m'appesantirai pas sur des détails si connus. On sait que les esprits & les cœurs s'égarerent en même temps. On pratiqua comme l'on crut. Dans les premiers siecles, personne ne fut sans foi, & personne ne fut absolument sans vertu; mais partout on défigura la vertu & la foi.

Le Genre humain se corrompit à mesure qu'il se multiplia.

L'Histoire marcha du même pas que la Religion. Les hommes foibles ou méchans, plus passionnés que raisonnables, plus orgueilleux qu'instruits, plus actifs que réfléchissans, s'empresserent d'oublier ce que leurs ancêtres leur avoient appris. Ils aimerent mieux faire des systêmes, que de consulter des monumens. Châque Nation fiere de son origine, parla de son antiquité. Chacune arrangea au gré de ses passions, la Religion & l'Histoire. Delà les fausses Chronologies, les Religions toutes humaines, & les Religions trop au-dessus de l'humanité; les pénitences cruelles des Prêtres Indiens presque aussi anciennes que le Monde, les prostitutions dans les Temples, & les effusions de sang humain.

Il paroît cependant par l'Histoire Sacrée & Prophane, qu'au milieu de toutes les Nations, quelques Justes conserverent la premiere Religion des hommes dans toute sa pureté. Longtemps les Prêtres & même les Philosophes garderent précieusement le dépôt de la Foi. Mais le temps & les hommes viennent à bout de tout hors de la vérité. Ils peuvent bien la fouiller, mais non la perdre entiérement de vue. Elle se montre toujours assez pour épouvanter de temps en temps les Nations & ceux qui les conduisent.

On sait que les Mysteres, la
partie

partie la plus fainte & la plus refpectée de toutes les Religions, furent dans la fuite fouvent deshonorés par des pratiques abominables, & des opinions extravagantes. Cependant le cri de l'ancienne tradition que l'on ne pouvoit étouffer, & qui étoit le même chez toutes les Nations qui fe connoiffoient à peine, les anciennes prédictions; tout cela confervoit aux yeux d'un fage obfervateur, une certaine unité. Il fuffifoit d'avoir un efprit jufte ou un cœur pur, pour reconnoître encore quelques-uns des caracteres facrés de la Divinité & de la Nature. On voyoit que les opinions les plus outrées fe contrarioient mutuellement, tandis que la vertu & la vérité ne tendoient qu'à s'unir. Ces dogmes sublimes étayoient même de toutes parts les Religions chancelantes ; leurs excès révoltoient souvent les esprits les plus corrompus & les plus superstitieux ; mais le commun des hommes incapables de choisir, aimoit encore mieux tout croire que de tout nier.

On ne finiroit pas, si on vouloit compter les saintes uniformités qui unissoient toutes les Religions, & les affreuses variétés qui les dégradoient en les diversifiant. On sait que la plûpart des Peuples de la Gréce sacrifioient des victimes humaines. Ces usages barbares ont duré jusqu'à présent parmi quelques Nations, comme on peut le voir dans l'Histoire de la conquête du Mexique. Les Gaulois ont longtemps conservé cette horrible coutume. Des Peuples entiers adoroient le Diable, comme l'adorent encore aujourd'hui quelques Hordes de Sauvages, qui ont pourtant une législation à leur maniere. *D'autres fustigeoient leurs Dieux quand il leur arrivoit quelque malheur. On sacrifia au Dieu des voleurs, à Vénus la prostituée. Les Bacchanales & les Orgies si cheres au Peuple, divinisoient les débauches les plus outrées. Il n'y avoit point de Dieu qui ne se fût rendu fameux par ses crimes. Les fables des Poëtes, & les cantiques que* l'on faisoit pour les Maîtres du monde, n'étoient que d'infâmes libelles.

Il n'est pas question ici de creuser jusqu'à la source de ces erreurs. Quoiqu'ayent dit les plus hardis calomniateurs du Christianisme, ces faits sont incontestables. Tout le monde s'est moqué des plaidoyers que l'on a faits en l'honneur de la Religion Payenne. Mais peu importe que les hommes ayent souvent divinisé, comme le pensoit M. Pluche, les premiers caracteres de leur instruction. On a cru ces choses de quelque maniere qu'on y soit parvenu ; & telle a été certainement la Religion des Peuples, & même celle de plusieurs Philosophes, malgré les railleries des plus sages d'entre eux.

Je n'ai pas besoin de vous répéter, Monsieur, ce que j'ai déja dit, & ce que l'on trouve dans une foule d'excellens Ouvrages. Vous rapprocherez facilement des extravagances pratiques, celles qui n'étoient que spéculatives. Vous savez mieux que moi, comme les anciens Mythologistes ont travesti l'Histoire de la Création, le crime de nos premiers Peres, l'orgueil qui l'a conseillé, la propagation de cet orgueil & de cette ingratitude envers le Maître de la Nature, sa bonté, la promesse d'un Libérateur, le Déluge, la prédilection d'une seule famille,

Noë, son Arche, ses trois enfans si connus sous divers noms, enfin l'Histoire d'Abraham, si fameux que les Païens, comme le remarque Origène, invoquoient dans leurs exorcismes le grand Dieu d'Abraham, d'Isaac & de Jacob. Ici le Déluge a duré neuf années, (c'est le Déluge des Chinois) là il n'a duré que quelques mois. Chacun repeuple le Genre humain à sa maniere. Moyse nous raconte l'Histoire de la Tour de Babel. Les anciens Fabulistes font escalader le Ciel par des Géans. Ils confondent deux textes de l'Ecriture essentiellement différens, celui qui nous dépeint l'orgueil des descendans de Noë & celui où on nous révéle la chute de l'Ange des ténèbres.

Nous avons suffisamment montré dans notre premiere Partie, d'après M. Pluche & M. Boullanger, que l'on a par-tout conservé & obscurci cette unité de cérémonies & de pratiques religieuses qui constatoient celles de la premiere croyance. Nous avons vu que plusieurs Nations avoient oublié le premier objet de ces cérémonies si anciennement pratiquées. La coutume de fêter le septiéme jour de la semaine fut répandue de tous les temps chez toutes les Nations. Cependant le plus grand nombre avoit oublié que cet usage ne s'étoit établi qu'en mémoire de la création. M. Boullanger s'efforce de l'expliquer par les phases de la Lune; mais outre que son calcul n'est par fort exact, il est bien probable que toutes les Nations ne raisonnoient pas comme M. Boullanger; & d'ailleurs sa méthode nous apprendroit tout au plus pourquoi les semaines ont sept jours, & nullement pourquoi le septiéme fut toujours consacré au repos & à la priere.

Au reste on ne peut s'empêcher de convenir que cette Religion si défigurée n'ait encore empêché les hommes de parvenir au dernier degré de la barbarie & de la perversité. Souvent le bien étoit à côté du mal, la raison tempéroit un peu la folie.

La plûpart de ces cultes pernicieux valoient encore mieux que l'Athéisme. Le Déisme eût mieux valu peut-être; mais on sait bien qu'un Peuple de Déistes est un être de raison comme un Peuple d'Athées.

Malheureusement les Philosophes n'eurent pas la main plus heureuse que les Prêtres; la plûpart d'entre eux furent seulement plus méthodiquement absurdes. Ne croyez pas toutefois que par enthousiasme pour la Religion, je veuille dégrader la Philosophie. Je ne confonds point les différentes Sectes ; je pense au contraire qu'il faut être Fanatique de l'Athéisme ou de la superstition, pour les mettre toutes au même rang. Ceux qui ont osé dire que ces immortels esprits qui démontroient l'immortalité de l'ame, & qui faisoient aimer la vertu, ne croyoient rien de ce qu'ils enseignoient, sont peut-être aussi outrés dans leurs systêmes, que les plus cruels ennemis de la révélation. Le Platonisme étoit sublime, & quoiqu'en disent quelques Auteurs qui ne l'ont guères étudié, il étoit encore à bien des égards souverainement raisonnable. Il est même certain que chez les Romains & les Grecs, les disciples d'Anaximenes, de Thalès, de Pithagore, & d'Epictete, ont quelquefois redressé les esprits, & adouci les mœurs de leurs concitoyens;

mais la Secte des Académiciens prévalut. Ils apprirent à douter, & à force de douter de l'exiſtence de Dieu, on s'efforça bientôt de la nier. Démocrite, Epicure, l'éloquent Lucréce, & les autres Athées ont eu preſqu'autant de Sectateurs que Socrate & Platon. Ceux-ci étoient plus extravagans & plus corrompus, que les autres n'étoient ſages & éclairés. Ils s'accordoient mieux avec les paſſions, & ils mépriſoient trop la ſuperſtition pour la décrier; auſſi étoient-ils moins perſécutés. L'orgueil féroce des Stoïciens, l'éclat de leur fiere vertu, la pompe de leurs diſcours, leur ſageſſe & leurs vices, acheverent de porter les derniers coups à la Religion & à l'humanité. Ces sombres Philosophes, semblables à nos fatalistes, prêchoient aussi une espece de dogme qui, sans rapport avec le cœur humain, n'avoit rien de commun avec la bienfaisance & la pitié. On devine aisément ce qui devoit résulter de cet assemblage d'Athéisme, de superstition, de vertus tristes & sanguinaires. Les Romains, ces tyrans du monde qui trouvoient de la grandeur à faire combattre des tygres & des lions avec les Rois qu'ils avoient détrônés, mêloient la férocité de leur orgueil, aux excès de leur Religion. Pour divertir le Peuple, pour remercier les Dieux des victoires que l'on avoit remportées, on donnoit des spectacles à la fois lascifs & sanglans. Plus on avoit de piété, plus on faisoit mourir d'hommes dans ces jeux funébres & impudiques. On sait jusqu'où les maîtres portoient l'inhumanité envers leurs esclaves. Voila, Monsieur, une foible image des horreurs qui désoloient le Genre humain, quand le Christianisme changea subitement les esprits & les cœurs.

Je n'ai fait qu'ébaucher la peinture si connue des vérités éparses dans une foule de bons ouvrages, mais je n'ai voulu insister que sur les faits qui sont généralement avoués. Nous avons vu quel parti les hommes ont tiré des plus saintes vérités lorsqu'ils ont été abandonnés à eux-mêmes ; nous allons voir comment leur maître commun a su les défendre & les developper.

L'Histoire de Moyse commence comme celle des autres Peuples anciens, avec l'Univers. Elle s'accorde avec toutes les traditions les plus authentiques. Elle nous instruit de la premiere croyance du Genre humain, non dans un Traité de Philosophie peu connu, ou dans des mysteres & sur la foi du secret ; c'est ici, Monsieur, une Histoire publique, respectée ; c'est une loi promulguée devant tout un Peuple; c'est un récit simple & suivi que cet ancien Peuple croit encore aujourd'hui, & qu'il a cru de temps immémorial. Ces Livres sacrés nous enseignent clairement & publiquement l'unité d'un Dieu créateur, l'ingratitude de nos premiers ancêtres, les crimes & les malheurs du Genre humain. Ce n'est point Prométhée qui dérobe le feu céleste pour animer un morceau d'argille, pour lui donner une ame en dépit du Maître des Dieux & des hommes qui ne vouloit pas qu'elle en eût; la volonté de celui qui est, crée l'Univers : il forme l'ame humaine à son image & ressemblance ; & pour nous montrer que rien ne va au hasard, l'Auteur inspiré affirme que toutes les créatures animées, toutes les plantes & tous les végétaux portent en soi de quoi reproduire leurs semblables jusqu'à la fin des temps. L'homme, le seul être raisonnable, le seul capable d'adorer son Auteur, lui doit un tribut de reconnoissance & d'amour. *Il est l'organe sublime de tous les autres êtres; il est le souverain Pontife de cette terre heureuse où Dieu l'a placé.*

Dieu l'avoit créé sage, bon, & parfaitement éclairé. Il se corrompt lui-même, il transgresse librement le commandement le plus facile à exécuter. L'orgueil le perd. J'avoue que cette premiere faute est incompréhensible; mais il faut du moins convenir, comme on l'a dit cent fois, que tout autre systême est évidemment

évidemment impie & absurde. Enfin l'homme commet le seul crime qu'il pût commettre dans la situation où il étoit. Il devient mortel parcequ'il devient coupable. Son repentir suit sa faute. Dieu prend pitié de ses remords & de sa misere. Il ne révoque point ses irrévocables décrets; mais il porte les regards de sa créature sur l'avenir pour la consoler du présent. De-là cette promesse fameuse qui a retenti par toute la terre. Il n'est pas étonnant que les enfans des hommes ayent été plus foibles & plus méchans que celui qui étoit sorti des mains du Créateur. Moyse nous apprend que ce même Déluge si bien prouvé par l'Auteur

K

de l'Antiquité dévoilée, détruisit cette race impie & cruelle, quand elle fut parvenue à la plus grande perversité dont elle étoit susceptible. Ce Dieu bon & terrible la retrancha sans doute pour diminuer le nombre des éternelles victimes de sa justice. Noë seul échappe avec sa famille à cette catastrophe universelle. Il dut son salut à un miracle démontré nécessaire par l'état actuel des choses. Car est-il rien de moins raisonnable que de supposer une révolution assez considérable pour bouleverser toute la superficie du globe, qui n'auroit pas la puissance de détruire les animaux & les hommes. L'intempérie seule des Elémens n'auroit-

elle pas causé une peste universelle, & la porte de l'abyme une
fois rompue, aimerons - nous
mieux donner l'honneur d'un
miracle à la Nature qu'à son
Maître?

L'Historien nous apprend aussi-
tôt que le Monde se renouvella
par voie de génération. On ne
rencontre point dans les saints
Livres de miracle inutile. Ceci
ne ressemble point à la fable de
Deucalion & de Pyrrha, aux
dents du Serpent de Cadmus,
aux hommes sortis du Mont
Athos, ou enfantés par le limon
du Nil. Moyse nous dit sans faste,
sans apprêt, que depuis le Déluge
les hommes vivoient moins longtemps. Il n'est pas extraordinaire

en effet qu'une pareille révolution ait changé le tempérament de la Nature. La longueur de la vie des premiers hommes ne paroît point ici fondée fur de vains calculs, fur des fuppofitions gratuites, fur l'envie d'accorder la Religion avec l'Hiftoire, fur l'orgueil d'un Peuple qui veut être plus ancien que tous les autres. Moyfe ne fe perd point dans l'antiquité des temps. Il donne aux chofes qu'il raconte, comme on l'a fouvent remarqué, une origine fi prochaine, que tous fes contemporains peuvent le démentir, s'il ne dit point la vérité; car enfin *il peut avoir vu les enfans d'Abraham qui avoit vu ceux de Noë.* Les autres

Peuples ne se contentent pas de nous dire que leurs peres ont vécu sept ou huit cens ans, ils en ont vécu sept ou huit mille; c'étoit des Dieux & non de simples hommes. Ils confondent tous les temps & tous les événemens. Ils se contrarient à tout moment. Ce qu'il y a de plus étrange, c'est que la plûpart de ces compilateurs ne suppose pas le Déluge fort ancien, quoiqu'ils donnent quarante, cinquante ou soixante mille ans à l'Univers, en nous faisant entendre toutefois qu'ils n'ont qu'une connoissance très-incertaine & très-embrouillée du Monde précédent.

Moyse nous dit encore nettement ce que toutes les traditions prouvent & ne difent pas. Ce même orgueil qui perdit le premier homme, fut encore, à ce qu'il nous apprend, le plus grand vice des defcendans de Noë. Ils voulurent fe tenir eux-mêmes lieu de Loi & de Légiflateurs. Ils négligerent la foi de leurs peres; ils réaliferent les fantômes de leur imagination; ils voulurent de nouveau lutter avec le Ciel. Pour avoir un point de réunion, pour éviter à jamais la fureur de cet élément terrible qui les avoit déja détruits, ils éleverent cette Tour fameufe qui a donné fon nom à un grand Empire. On fait comment Dieu confondit leur orgueil, & l'on a fouvent obfervé que rien n'étoit fi vrai-femblable que cette cause de la diversité des langues, puisqu'au temps où cette histoire parut, ce prodige étoit si récent que l'on ne pouvoit guères l'ignorer. En effet, depuis le Déluge, les langues n'auroient pas eu le temps de se former si parfaitement & si diversement. D'ailleurs cette variété des langues étoit très-conforme au dessein de la Providence qui vouloit que toute la terre fût habitée, & que chaque Peuple se regardât comme une seule famille faite pour se secourir & pour s'aimer.

Tout ce qui suit est plein de vraisemblance, & s'accorde admirablement avec la Géographie & le peu de faits qui nous sont certainement connus. Ce premier centre du Genre humain dût, comme Moyse nous l'apprend, être promptement policé & instruit. Les Peuples les plus anciennement établis dans ces heureuses contrées, durent conserver plus longtemps que les autres la tradition de leurs peres; elle ne dut jamais se défigurer totalement. Ils eurent le temps de profiter des anciennes découvertes, & de mettre en pratique ces Arts connus avant le Déluge. Un ciel pur, une terre fertile, le souvenir encore récent de la protection visible que Dieu avoit accordée à leurs peres, tout dut alors donner aux ames ces secousses heureuses qui les instruisent

sent si rapidement, en les portant d'abord plutôt vers le bien que vers le mal. Moyse nous apprend que les Peuples s'avancerent de l'Orient à l'Occident. Le Monde s'éclaira par degrés comme il s'étoit peuplé. D'abord l'Orient envoya des hommes sur le reste de la terre; peu-à-peu il les adoucit & les poliça.

Il faut, si je ne me trompe, avouer malgré qu'on en ait, que cette maniere de procéder épargne beaucoup de peine aux Métaphysiciens. Ceux qui croyent au Législateur des Juifs, ne s'amuseront pas à méditer sur la méchanique du langage des premiers hommes. Ils seront dispensés de lire une multitude de gros volumes pleins de sophismes & d'ennui, où l'on n'appuie que par des suppositions gratuites, des absurdités manifestes. Ils n'ont pas besoin qu'on leur montre à force d'esprit, que les êtres de notre espéce, autrefois plus stupides que les Hurons, ont dû avoir pour arriere-neveux, Socrate, Marc-Auréle, Julien, Descartes, Newton, M. de Voltaire, & tant d'autres grands hommes dont les aïeux avoient été trente ou quarante mille ans à apprendre à compter jusqu'à dix.

Dès que l'on consulte nos Livres sacrés, les contrariétés s'éloignent, & les vraisemblances se réunissent. Adam, cette créature surnaturelle, dont l'esprit fut d'abord si parfait, son péché, la dégradation du Genre humain, né dans l'ignorance, susceptible d'apprendre, incapable de deviner, instruit par la tradition, aveuglé par ses passions, souvent avili & trompé par les circonstances, mille fois éclairé, mille fois abruti, dépendant des événemens, de ses semblables, de la température du climat qu'il habitoit; ce tableau simple & vrai, n'est au fond que l'étroite union de l'Histoire sacrée avec l'Histoire profane.

Il faut avouer encore que ceux qui croyent au Déluge si bien circonstancié dans nos Livres sacrés, n'ont pas grand peine à expliquer le phénomène des

Nations Sauvages & des Nations policées. On conçoit que Noë instruisit ses enfans, comme Adam avoit instruit les siens ; & que la diversité des lieux & des circonstances fit prospérer inégalement cette instruction. Ces vérités se confirment de plus en plus, dès que l'on se rappelle, comme nous l'avons souvent fait voir, qu'il n'y a pas quatre mille ans que le quart de la terre n'étoit pas habité, & que les Arts étoient presque inconnus.

On ne peut sur-tout assez admirer comme Moyse se presse d'en venir au développement de la promesse d'un Libérateur. Il arrive en un moment, du péché d'Adam à la vocation d'Abraham. Il semble que les heures & les siécles ayent coulé en vain, tant que les hommes trop inclinés vers la terre, se sont à peine occupés des biens plus réels dont ils pouvoient se rendre dignes. Cette promesse importante s'ecclaircissoit tous les jours davantage à mesure que le temps de son accomplissement approchoit. Noë sans doute l'avoit transmise à ses successeurs; mais ils l'avoient souvent oubliée, & Moyse ne la rappelle que lorsque son authenticité doit se propager sensiblement. Le Dieu des Nations ne désigne point le temps de l'accomplissement de cette prophétie par des périodes arbitraires & toujours disputables.

Il le marque avec précision, par un enchaînement d'événemens & de circonstances qui ne peuvent être équivoques. L'envoyé des Nations doit sortir d'Abraham, & la race d'Abraham doit se conserver éternellement. Cet homme extraordinaire bénira tous les Peuples ; cette bénédiction doit sortir non - seulement d'Abraham, mais d'Isaac, fils d'Abraham, & non de son frere Ismaël. Elle doit sortir de Jacob, fils d'Isaac, & non d'Esaü, qui préféra un plaisir passager à un bonheur éternel. Juda, descendant de Jacob, est celui dont sortira le Desiré des Nations ; & pour que cette promesse soit éternellement attestée par ce Peuple qui durera autant que l'Univers, la Tribu de Juda, la seule des douze Tribus, doit subsister en corps de Nation jusqu'à la venue de ce Libérateur. Enfin, de peur qu'on ne dispute dans la suite sur cette prophétie, le véritable Souverain des Hébreux, leur Législateur, ce Dieu visible par les merveilles qu'il opére continuellement, fixe à Jérusalem le siége de son Empire. Le Sacerdoce & la Royauté sont inséparables. La Monarchie doit finir avec le Temple. En vain les Juifs chassés de la Cité sainte fonderoient de nouveaux Empires, ces Etats foibles ou puissans ne seroient qu'une assemblée de factieux qui enfreindroient continuellement les

Loix de leur légitime Souverain.

Au reste, ces prophéties ont une authenticité presque aussi miraculeuse que leur accomplissement. Il est impossible de disputer sur leur ancienneté, dès que l'on prend garde que les Samaritains, séparés des Juifs, (leurs ennemis mortels) près de huit cens ans avant Jesus-Christ, ont religieusement conservé les cinq livres de Moyse. Ces livres cependant condamnoient d'avance leur schisme, leur Garizim, & leurs opinions extravagantes. Ces cinq livres, comme tout le monde le sait encore, ont été traduits dans toutes les langues trois cens ans avant Jesus-Christ. Enfin quand on n'auroit pas lu l'*Antiquité dévoilée*, on ne pourroit ignorer que les Nations attendoient, fous divers noms, un grand événement & un Maître commun, lorfque Jefus parut fur la terre. Les Ifmaëlites d'ailleurs, qui ont toujours habité ces anciennes contrées, difent, & ont dit de tous les temps qu'ils font iffus d'Abraham. * Ils n'ont jamais oublié la fameufe prophétie qui les regardoit fpécialement. Ils favent que Dieu a dit à leurs peres que leur poftérité feroit nombreufe & puiffante, qu'ils feroient un Peuple belliqueux, qu'ils combattroient contre tous; & que tous combattroient contre

---

* *Voyez* l'Hiftoire univerfelle, par une Société de Gens de Lettres, *Tome I.*

eux. Cette prophétie est de la même date que *la promesse* du Messie. Les Juifs reconnoissent les Ismaëlites pour les descendans d'Ismaël, fils d'Abraham; ceux-ci reconnoissent que les Juifs descendent d'Isaac & de Jacob. Ces deux Peuples n'ont jamais oublié le motif de leur séparation, & le premier oracle si anciennement vérifié, a raffermi l'espoir de ceux qui attendoient l'accomplissement du dernier.

On voit de reste combien il est injuste de reprocher à Moyse de n'avoir point parlé du dogme de l'immortalité de l'ame, puisque la promesse du Messie, qui le supposoit, y est sans cesse représentée avec tant de magnificence

& de clarté. M. Boullanger d'ailleurs prouve si bien dans son Livre que la Loi de Moyse étoit figurative, que tout y désigne un temps à venir, un Royaume spirituel, le regne éternel de la justice & de la bonté. Il montre, d'après tous nos interprétes, que la terre de Chanaan tant promise, étoit une image visible de celle des Bienheureux. Mais comme je crains de rebattre les réflexions si connues que tant de grands hommes ont fait sur les figures & les mysteres de l'œconomie Mosaïque, je me contenterai d'en faire quelques-unes que je crois décisives.

1. Je ne sache pas que personne ait encore nié que la Loi

des Juifs ne fut très-myſtérieuſe & très-figurative; d'où il ſuit néceſſairement qu'elle a des rapports ſenſibles & marqués avec ces paſſages de la Genèſe, où il eſt tant queſtion de la venue de l'Envoyé des Nations, ſur laquelle Moyſe a tant inſiſté.

2. Il faudroit donner la torture à ſon eſprit, pour ſe figurer que les Juifs ſeuls de tous les Peuples du monde, n'ont point cru à une autre vie.

3. Pour le ſuppoſer, il faudroit apprendre par quelque révélation, non ſeulement que Dieu ne leur a pas donné ce dogme, mais encore qu'il a défendu à ceux qui les inſtruiſoient de le développer, & à eux de le recevoir.

4. Si notre Religion est vraie, la promesse du Messie suppose le dogme de l'immortalité de l'ame, & c'étoit au Messie qu'il appartenoit de mettre en lumiere les mysteres de la nouvelle alliance, & de la Jérusalem céleste.

5. Le dogme d'une autre vie, comme l'a si bien prouvé M. Boullanger, évidemment mystérieux dans la Genèse, étoit lié chez tous les autres Peuples à celui de la venue du grand Juge, lequel, selon Moyse, devoit bénir toutes les Nations, comme Dieu lui-même l'avoit promis à Abraham.

6. Les cinq Livres de Moyse, on est forcé d'en convenir, nous parlent plus magnifiquement & avec plus de clarté, de suite & de

détail que toutes les autres Histoires, de l'attente du Sauveur des Nations, attente inséparable de celle d'une autre vie.

7. Comme le remarque encore M. Boullanger, tous les Prophétes qui ont suivi Moyse, en développant le dogme de la venue du grand Juge, ont développé celui de l'immortalité de l'ame. Ils ont parlé de la sainteté du Messie, de son regne spirituel. Ils ont dit qu'il changeroit les cœurs, *que le Ciel & la terre passeroient, & que la parole du Seigneur ne passeroit pas.*

8. La politique & la crainte d'exciter des séditions parmi les Peuples, en changeant la Religion qu'ils s'étoient malheureu-

sement donnée, peut seule expliquer le secret que l'on gardoit sur des vérités si pures & si importantes. Mais avec Moyse, il faut abandonner cette explication, il n'est point si mystérieux; il dit tout simplement que les Juifs par leur ingratitude & leurs murmures continuels, s'étoient rendu indignes de cette Loi d'amour (qui devoit changer le Monde entier). Le même Livre qui nous atteste la venue du Sauveur des hommes, nous dit que le Peuple au milieu duquel il devoit naître, étoit un Peuple charnel & grossier, qui avoit la tête dure, qui étoit loin des choses célestes; il nous apprend que l'Eternel dit, après lui avoir donné sa Loi sur le Mont Sina, au milieu des foudres & des éclairs : *Qui leur donnera un cœur pour m'entendre & m'aimer ?* Qu'il y a loin, Monsieur, de la peinture que Moyse nous fait de cette Loi de colere, à la Religion simple & pure des Patriarches, à qui Dieu a renouvellé la promesse du salut! Ces premiers Saints font à peine attention au songe de la vie humaine. Leur sainteté ne leur produit aucun bonheur dans ce monde. Le Dieu de bonté laisse mourir dans l'exil ceux qui invoquent son saint Nom ; il donne quatre cens ans après à ceux qui le blasphêment, la terre qu'il avoit promise à leurs peres. Il dit à Abraham : je suis votre plus grande

grande récompense : il dit à ses aveugles descendans, Si vous suivez la lettre de ma Loi, vous serez heureux & puissans sur la terre, vous y vivrez longtemps.

Il semble même que Moyse ait appréhendé que la postérité ne cherchât à obscurcir ces intéressantes vérités. Il nous apprend que Dieu lui a dit à lui-même : Je leur ai donné cette Loi dans ma colere. Les Prophétes ajoutent de la part de Dieu : « Je leur » ai donné une Loi qui n'étoit pas » bonne. Je suis las du sang des » victimes, du cérémonial de la » Loi.... Bientôt mon Envoyé » me formera des adorateurs ca- » pables de m'adorer en esprit & » en vérité. »

On ne peut nier que cette sainte promesse ne se développe tous les jours davantage pendant plusieurs siécles; mais elle se développe sans se corrompre. Ceux des Juifs qui ont le malheur de douter d'une autre vie, en doutent parcequ'ils veulent en douter; ils s'aveuglent à plaisir. Si par hasard ils écrivent leurs dogmes, leurs noms oubliés & flétris ne passent point à la postérité. Tous ceux dont les Livres nous sont restés, parlent comme Moyse; ils développent encore ce qu'il a seulement insinué. Parmi ceux qui croyent à une autre vie, (& c'étoit assurément le gros de la Nation) il ne paroît pas qu'aucun d'eux ait corrompu par des fables ce dogme utile & sacré. En un mot, les seuls Juifs ne nous présentent qu'une tradition grande & sublime; eux seuls n'ont point défiguré le grand Traité que l'Eternel a fait avec toutes les Nations.

Mais on ne peut trop insister sur cette miséricorde infinie qui embrassa toujours la totalité du Genre humain. Si de sombres fanatiques s'efforcent de faire haïr la Religion qu'ils professent, l'Eglise ne les a point reçus dans son sein. L'Ecriture & la tradition nous enseignent qu'il y eut dans tous les temps & chez tous les Peuples, des Justes qui rendirent un culte pur à la Divinité. La promesse du Messie aussi ancienne que le Monde, n'a point été inutile à toutes les Nations. L'œconomie Mosaïque n'a point fait rejetter les autres Peuples; ils se sont éloignés eux-mêmes de la route plus simple & plus pure que la Nature & la révélation leur avoient anciennement tracée : car il ne faut point regarder les Juifs comme un Peuple de prédestinés : ils sont seulement les dépositaires des promesses, & vous m'avouerez, Monsieur, que ces gardiens inquiets du dépôt des Livres de la Foi, sont précisément tels qu'ils devoient être pour nous les conserver. Ils avoient à la vérité plus de moyens de faire leur salut : mais si Dieu s'étoit révélé plus spécialement à leurs peres, leurs peres avoient tâché de se rendre dignes de cette préférence si marquée, & Dieu les avoit cherchés, parcequ'ils le cherchoient. Il s'est éloigné de leurs enfans, lorsqu'ils l'ont abandonné. L'Ecriture nous peint Job comme un homme juste & agréable au Seigneur. Job n'étoit point de la race d'Abraham. Melchisedech qui sacrifioit au Dieu unique, au nom de tous les Peuples, n'étoit point seulement une figure de Jesus-Christ; on ne peut du moins le démontrer: & d'ailleurs on ne pourroit disputer ici qu'avec les Chrétiens, puisque les incrédules cesseroient de l'être, s'ils ne voyoient dans Melchisedech que la figure du Sauveur.

Tout nous prouve que le Dieu des Nations écoutoit leurs prieres quand elles étoient ferventes & sinceres. Et de peur que notre maniere de croire à cet armistice si nécessaire au Genre humain, ne nous en rende indignes; de peur que nous ne nous mettions dans l'esprit qu'un Etre seulement libre & terrible nous choisit & nous rejette sans penser à nos vertus, ou à nos remords; ce Dieu de justice & de bonté a voulu que nous apperçussions que sa protection plus spéciale est presque toujours précédée par les vertus de ceux qu'il a paru choisir entre tous les autres. Cela n'empêche point que l'on ne puisse dire aussi que tout le bien vient de Dieu, & que tout le mal vient des hommes. Mais nous n'avons pas besoin d'approfondir une question désespérante & toujours la même, quelque hypothèse que l'on veuille adopter. Car, enfin celui qui créa l'Univers a disposé les choses comme elles sont. Il est impossible de le nier : nous n'existons point par nous-même, & nous ne serons peut-être jamais capables de dire autre chose que des blasphêmes sur la raison premiere qui a produit les malheurs de ce triste monde. Mais cette raison même, qui murmure des blasphêmes, est assez forte pour les étouffer. Elle voit que le Chrétien & le Déiste, celui qui croit au péché originel & celui qui n'y croit pas, rencontrent à chaque pas les mêmes difficultés. Que cet arrogant chicaneur devienne Athée s'il le peut, qu'il nie la Providence, alors nous n'aurons rien à lui répliquer, jusqu'à ce que nous la lui ayons démontrée; mais s'il ne peut la nier parcequ'il n'est ni stupide ni pervers, pourquoi ne cherche-t-il pas à s'appuyer sur des vérités consolantes, au lieu de creuser des objections aussi vaines que rebattues. Hélas! Monsieur, le Maître des hommes n'a voulu parler qu'au cœur & au bon sens de ses créatures. Ni l'un ni l'autre ne trouve rien à redire à sa loi. Il importe peu de savoir pourquoi

pourquoi il y a des bons & des méchans, & il importe beaucoup de se persuader que Dieu récompense & punit. Au surplus, que l'on remonte si l'on veut avant la naissance des temps, pour y chercher la source de ces premieres graces qui sanctifient les Elus de toute éternité ; que l'on y adore en tremblant les immuables décrets d'un Dieu juste & terrible; mais dans le temps, dans ce lieu de notre existence, tout est proportionné aux idées qui sont communes à tous les hommes, à leurs penchans les plus invincibles, aux seules connoissances dont ils soient capables. Dans ce peu d'instans qui doivent décider d'un bonheur ou d'un malheur éternel, nous ne voyons avec l'Ecriture & la raison que ce que Dieu a voulu nous montrer. Nous ne séparons point sa miséricorde de notre repentir, & sa toute-puissance de notre liberté. Quoi qu'en pensent les fanatiques & les incrédules, l'Eglise n'anéantit point la morale pour honorer la Religion. Oui, je le dis avec confiance, il n'y a qu'un esprit faux & étroit qui cherche la cause cachée du bien & du mal dans la source inépuisable de la difficulté; il n'y a qu'un méchant qui doute de quelque maniere qu'il s'y prenne, de ce que le sentiment intime lui a toujours révélé. Il n'y a qu'un homme de mauvaise foi qui impute au Christianisme la fureur de quelques sectaires.

J'ai été bien aise d'insister sur un point si important, pour mieux prouver aux Déistes que la Religion Chrétienne qui a commencé avec la promesse du Médiateur, c'est-à-dire avec le monde & le péché, n'est, comme on l'a dit mille fois, que la perfection de la Religion naturelle. Il est évident, Monsieur, que les honnêtes Déistes sont aussi intolérans que les honnêtes Chrétiens, en ce qu'ils reconnoissent comme eux une inégalité incontestable dans la différence des lumieres & des vertus. Les Philosophes sont de plus obligés de convenir que la Philosophie à qui ils croyent tant de pouvoir, n'a point également adouci & purifié les mœurs de tous les Peuples. Ils reconnoissent, comme les Chrétiens, que tous les mortels ont besoin de clémence. Comment n'en concluent-ils pas que la révélation qui n'est pas plus incompréhensible que la Nature, l'explique quelquefois & jamais ne la contredit ?

Je ne me lasse point de le répéter, les vérités qui servent de base à notre foi, comme le péché & la promesse du Médiateur, ont une sorte d'ensemble chez tous les Peuples du monde, ou elles n'en ont que dans les Livres sacrés. Si cet ensemble non seulement incontestable, comme cela me paroît évident, a encore une certaine perfection dans les autres Religions, il faut l'y respecter ; & il faut se faire Juif ou Chrétien, si les seuls Chrétiens & les seuls Juifs ont rangé dans le plus bel ordre que l'on puisse imaginer, ce que toutes les autres sectes ont indignement travesti. Ah! Monsieur, que ce livre que vous venez de faire imprimer fera de bien au monde! Comme il a simplifié la question! On peut à présent donner aux incrédules le choix des armes; il n'y a presque rien que l'on ne puisse d'abord leur accorder. Au lieu de nous détacher des Oracles sacrés, ils nous ont appris à respecter jusqu'aux prédictions des Sybilles. Il est certain qu'on ne peut s'empêcher d'avoir une sorte de vénération pour les Oracles des Païens, s'ils s'accordent avec les nôtres, malgré leur extravagance & leur obscurité. Je vais plus loin; quand les Sybilles, ce qui paroît d'abord le comble de l'absurdité, auroient donné le ton à nos prophétes; quand l'Ange des ténébres les auroit inspirées; quand leur enthousiasme auroit été le fruit de l'ivresse ou de la démence, je reconnoîtrois encore, dans le miracle de l'accomplissement de ces bisarres prophéties, la Sagesse incréée, qui par des voies incompréhensibles auroit tout fait & tout préparé.

Mais je ne puis m'empêcher

de discuter ici en peu de mots les objections que l'on oppose ordinairement à l'éclat de ces fameux Oracles dont nous avons tant parlé. Voici le fond de la question : On ne dispute guère sur l'antiquité de ces Oracles ; on disputera moins encore après avoir lu M. Boullanger. On voit de plus par les critiques des Juifs sur les applications que nous en avons faites, on voit dis-je qu'ils prouvent la lettre en disputant sur le sens qu'elle peut avoir. Je voudrois qu'une fois en leur vie les incrédules s'expliquassent clairement. Croit-on que les anciens Juifs (ce qui ressort du systême de M. Boullanger, comme on le prouve d'ailleurs par le Talmud

& la paraphrafe Chaldaïque,) ont entendu pour ainfi dire, comme nos Evangéliftes, les Oracles que leurs neveux ont vérifiés en les méconnoiffant? Ofera-t-on foutenir que les Prophétes qui parloient au hafard, ont auffi par hafard rencontré la vérité? Veut-on que les Prêtres Juifs avant la venue de Jefus-Chrift ayent donné à la plûpart de ces Oracles, un autre fens que celui que nous leur donnons aujourd'hui? Mais que nous importe qu'ils puiffent avoir un autre fens, s'ils ont auffi celui-là? Il eft vraiment bien queftion de favoir s'il a plu à quelques Juifs de multiplier gratuitement les miracles. Il nous fuffit de favoir qu'ils conftatent contradictoirement l'intégrité du texte en le détournant à un autre sens. Quoi, parce qu'on pourra rapporter la prophétie de Daniel à Antiochus, ce qui prouve son antériorité, cela empêchera-t-il qu'elle ne convienne encore mieux à Jésus-Christ? Si quelques Rabbins appliquent au Peuple Juif ce qui est dit de cet homme de douleurs qui devoit mourir pour son Peuple; en montrant par-là que cette prophétie est ancienne, l'on ne prouve assurément pas qu'elle ne désigne clairement notre Messie. Certes nous n'en croirons pas volontiers de tels interprètes, à moins qu'ils ne démontrent leur mission par des miracles.

Qu'on dife ce que l'on voudra, cent mille petites hiftoires compofées par des Rabbins, des Cabaliftes & des Ariens qui les ont copiés, ce ridicule affemblage n'efface point ce grand & majeftueux tableau que l'efprit de Dieu a tracé à grands traits par l'organe de fes prophétes. Je dis plus : J'accorderai, fi l'on veut, qu'en toute rigueur ces Oracles pourroient avoir un autre fens. Quand cette opinion feroit foutenable, n'eft-il pas plus clair que le jour, que tous ces matériaux, qui chacun en particulier compofent féparément chacune de ces petites hiftoriettes, n'en compofent pas moins tous enfemble l'hiftoire entiere de Jefus-Chrift

& de son Eglise, telle que nous la croirions quand nous ne penserions qu'aux satyres des Païens, & à l'établissement du Christianisme? Prenez garde sur-tout, qu'en rejettant Daniel, Isaïe, & tous les autres Prophétes, nous ne pourrions nous débarrasser du Pentateuque, ni par conséquent de la promesse faite à Adam, ensuite à Abraham & à Jacob, & répandue par toute la terre. D'ailleurs comment oublier la notoriété de l'attente du Messie par la Nation qui devoit le faire mourir, & cette opinion commune à tous les Peuples qui attendoient un grand événement lorsque le Christianisme a paru? Et quand même on s'aveugleroit assez pour ne pas s'étonner de cette étrange épidémie, ne falloit-il pas que par un hasard encore plus singulier, un fanatique inconcevable voulût mourir pour tromper le Genre humain? Ce n'étoit pas assez, il falloit que la Nation qui l'attendoit voulût l'immoler. Il falloit que ceux qui le firent mourir ne pussent retrouver son corps, qu'ils n'ont certainement pas retrouvé, puisque le Christianisme s'est établi. Par la même raison les Apôtres n'ont point été convaincus d'imposture. Il falloit encore que cette extraordinaire Religion triomphât de tous les obstacles qu'y apportoient la Nature & les Religions déja accréditées. Il falloit, pour que la fameuse prophétie de Juda s'accomplît, que Titus détruisît les Juifs, & que les Juifs, par une opiniâtreté inconcevable, fissent tout ce qu'il falloit pour anéantir leur Temple, & par conséquent leur législation. Enfin tout étoit perdu, si les circonstances n'eussent brouillé à perpétuité les Juifs & les Empereurs, si les premiers avoient pu s'anéantir ou se fortifier, ou obtenir par l'adresse & la politique, ce que la force ne pouvoit faire.

Il falloit plus encore: Pour que la religion des Chrétiens parût sensiblement plus vraie & plus sainte que toutes les autres, il falloit qu'elle fît prospérer l'humanité & la raison; ce qu'avoient inutilement tenté jusques-là les Philosophes & les Rois. L'Auteur d'un excellent Ouvrage qui a pour titre : *Le Déisme réfuté*, observe très-à-propos que celui d'*Emile* est forcé lui-même d'en convenir. Il lui rappelle qu'il a dit que les Gouvernemens modernes doivent incontestablement au Christianisme leur plus solide autorité ; qu'il les a rendus moins sanguinaires ; que cela est démontré par les faits ; que ce changement n'est point l'ouvrage des lettres ; que par-tout où elles ont brillé, l'humanité n'en a pas été plus respectée. M. Rousseau rappelle à cette occasion les cruautés inouies des Athéniens, des Egyptiens, des Romains, &

des Chinois. Il s'écrie avec ce tendre enthousiasme qu'il sait si bien imiter: Que d'œuvres de miséricorde sont l'ouvrage de l'Evangile ! L'Auteur que je viens de citer, qui a trop d'esprit pour ne pas savoir que l'autorité d'un Philosophe fait plus que la raison, étaye le témoignage de M. Rousseau de celui de M. de Montesquieu. M. de Montesquieu dit nettement dans l'*Esprit des Loix*, que c'est la Religion Chrétienne, qui malgré la grandeur de l'Empire, & le vice du climat, a empêché le despotisme de s'établir en Ethiopie, & a porté au milieu de l'Afrique les mœurs de l'Europe & ses Loix. Que l'on se mette devant les yeux, continue ce grand homme, les massacres continuels des Chefs Grecs & Romains, la destruction des Peuples & des villes par ces mêmes Chefs, Timur & Gengis-kam qui ont dévasté l'Asie, & nous verrons que nous devons au Christianisme, & dans le Gouvernement un certain droit politique, & dans la guerre un certain droit naturel, que la Nature humaine ne sauroit assez reconnoître.

Qu'est-ce que les incrédules qui non contens d'insinuer que notre Religion est fausse, veulent encore qu'elle soit pernicieuse, peuvent opposer à ces réflexions & à ces faits ? Ils déclament continuellement contre des abus que la vraie Religion proscrit, & qu'elle qu'elle peut seule arrêter. Oui, sans doute, les hommes ont souvent abusé des plus saintes vérités ; mais ces temps orageux que l'on nous reproche injustement, ont vu moins de malheureux que les temps fortunés de Rome & d'Athènes. La Religion Chrétienne s'est jointe à la philosophie qu'elle a perfectionnée ; elle a donné du ressort à l'ame, de la consistance aux systêmes grands ou utiles. Cette source pure couloit depuis longtemps à travers des eaux bourbeuses qu'elle purifioit de plus en plus. Les Chrétiens éclairés ont mille fois prouvé aux fanatiques & aux superstitieux, qu'ils ne connoissoient seulement pas la Religion qu'ils osoient professer. Les Sectes absurdes & barbares qui s'éleverent dès le commencement du Christianisme, ne firent que se montrer & disparoître. Il est vrai que les vices, la fausse littérature, & la fureur systématique, semblent réunir toutes leurs forces quand la Religion brille de tout son éclat: mais jusqu'à présent à chaque victoire elle a affoibli ses cruels ennemis; elle a rendu leurs sophismes plus visibles, elle a développé la noirceur de leurs projets. Nos ancêtres ont vu ces guerres barbares, où des Catholiques encore plus cruels que leurs adversaires, poignardoient ceux qu'ils ne pouvoient persuader. Heureusement il ne reste de ces abominations qu'un affreux souvenir; ces temps malheureux ne reviendront plus, à moins que les excès de l'impiété ne réveillent un jour les fureurs du fanatisme. Mais n'est-ce pas la Religion elle-même qui a proscrit ses cruels défenseurs? Comment s'y seroient pris nos Philosophes pour arrêter le zèle de ces furieux? Auroient-ils osé leur dire : aussi méchans que vos peres, vous respirez comme eux le carnage & l'injustice, & c'est votre infâme Religion qui vous rend pervers & inhumains. Pensez-vous, Monsieur, que les fanatiques de la Religion eussent écouté tranquillement ceux de la philosophie? C'est au nom de ce Dieu de paix qu'on a réprimé leurs fureurs. On leur a dit: vous massacrez vos Rois qui vous chérissent, & les premiers Chrétiens nés sous la loi des Empereurs qui les proscrivoient, ont versé leur sang pour les défendre? Jesus-Christ a payé le tribut à César; il a dit que son Royaume n'étoit pas de ce monde; il a pardonné à ses ennemis. N'est-ce pas sous ces traits chers & sacrés que l'illustre Auteur de la Henriade a opposé avec tant de succès le Christianisme à lui-même?

Non-seulement le Christianisme bien-entendu a marqué facilement les bornes de la puissance ecclésiastique & de la puissance séculiere; il a raffermi la raison chancelante ; il a embelli la morale ; il s'est fait un invincible appui de la saine politique & de la saine philosophie ; il a porté la lumiere au milieu de la physique, encore dans son enfance : Newton & Descartes, nés dans le sein du Christianisme, ne se lassoient point d'admirer dans nos Livres sacrés, cette parole toute-puissante qui tira l'Univers du néant. Ils ne voyoient dans la Nature entiere qu'un Etre unique qui peut tout, & des êtres qui ne peuvent rien, que des esprits pensans par nature, & une argille impuissante & passive, indifférente à tous les mouvemens & à toutes les formes. Remplis de ces grandes idées, ils entreprirent d'expliquer l'Univers par l'action constante & uniforme de Dieu sur les corps, en raison des immuables loix qui peuvent les régir. La certitude de notre immortalité, que la foi plus active que la philosophie, avoit inculquée dans les ames, donna plus de force à la raison. Descartes met dans le plus grand jour la distinction des deux substances, & l'indestructibilité de l'Etre pensant. On a fait plus : on a prouvé que la résurrection des corps, non-seulement possible, étoit encore très-vraisemblable. Deux hommes célébres, Messieurs Haller & Bonnet, ont montré après Burnet & Nieuweutit, que nos corps ont une sorte d'unité, parceque les germes paroissent naturellement impérissables, soit que l'on consulte l'expérience ou la raison. Depuis un siecle entier, d'infatigables observateurs ont eu l'adresse & la patience d'accumuler une foule d'expériences pour montrer l'absurdité du systême qui donne à la corruption le pouvoir de produire. Ce systême absurde vient de retomber encore dans le plus grand mépris, malgré les belles phrases que l'on a faites pour le soutenir.

Enfin après un siecle de lumiere, la sagesse si longtemps reléguée chez quelques Saints & chez quelques Philosophes, alloit se répandre plus également parmi la foule des Nations; la multitude alloit peut-être croire à la fois par habitude & par raison; la foi, la vertu, & la philosophie, ne demandoient qu'à s'accorder; la Religion ne pouvoit plus faire que du bien aux hommes; voilà, Monsieur, l'instant que l'on choisit pour l'anéantir, s'il étoit possible qu'elle le fût.

Ceux qui viennent de la si bien démontrer par leurs imprudens aveux, nous disent sans cesse que c'est par amour pour le Genre humain qu'ils cherchent à nous ôter l'espérance d'un avenir qui nuiroit au présent. D'autres prétendent que la Religion révélée a toujours corrompu celle de la Nature. Je vais tâcher, Monsieur, de rassurer dans un dernier chapitre,

chapitre, ces grands politiques, & ces tendres amis de l'humanité.

CHAPITRE IV.

Examen du projet suivi de quelques Philosophes.

Vous m'avouerez, Monsieur, que depuis qu'on écrit contre la Religion de son pays, personne encore n'a paru plus frappé de ses inconvéniens, que l'Auteur de l'*Antiquité dévoilée.* Il est tellement aigri contre la venue du Grand Juge, qu'il nous diroit volontiers que l'Athéisme est la seule secte honnête & utile. Comme cette malheureuse opinion prospere depuis quelque temps, nous l'examinerons en peu de paroles avant que de nous occuper de ces Déistes, qui sont, comme M. Boullanger, intolérans & sectaires.

Sans entrer bien avant dans la fameuse controverse qui s'éleva à la fin du dernier siecle, permettez-moi de vous demander d'abord si vous croyez avec les enthousiastes du néant, à ces nations d'Athées dont quelques voyageurs ont parlé ? Croyez-vous, supposé qu'elles existent, qu'elles ayent autant de besoin que les Nations policées, de croire à celui qui *doit rendre un jour à chacun selon ses œuvres?* Vous savez, Monsieur, que tous les Peuples policés de l'Europe

& de l'Afie ne font compofés, du plus au moins, que de maîtres & d'efclaves, d'oppreffeurs & d'opprimés. Dans un Royaume compofé de vingt millions d'hommes, il eft difficile que malgré le plus fage des gouvernemens, les trois quarts des citoyens ne languiffent pas dans l'opprobre & le malheur. Les hommes cependant, par un effort fourd & continuel, tendent fans ceffe vers leur premiere égalité. L'efpoir d'un avenir plus heureux calme cette agitation inteftine ; elle adoucit un peu notre fierté naturelle. Le grand nombre oppofe journellement le crime à l'injuftice apparente du fort, s'il ne refpire quelquefois dans le sein de son Dieu. Des hommes sans principes & sans foi, qui croyent si facilement que personne ne les plaint, se plaignent bientôt eux-mêmes avec férocité. Ils se haïssent au lieu de se secourir. Il faut Monsieur qu'un Peuple soit remuant & féroce, ou qu'il soit religieux; il n'y a point de milieu.

Prenez garde qu'en vous peignant ce malheur forcé par les circonstances, qui fut toujours le partage du plus grand nombre des humains, je n'ai point encore observé combien cette premiere infortune qui tient à la nature des choses, est susceptible de plus & de moins. Je vous ai seulement fait voir qu'il est absurde ou barbare de ne s'occuper que du fort & de la croyance d'un petit nombre d'hommes, dont les peines fecrettes font au moins femées de quelques douceurs apparentes. Je n'ai pas befoin de vous dire qu'en arrachant à ceux-ci toute efpéce de principes, on appefantit les fers de leurs victimes. Vous n'avez point oublié fans doute les invincibles raifonnemens que Warburthon oppofe aux fophifmes de Bayle. En fuivant la comparaifon que je viens de faire d'une Nation Sauvage avec une Nation policée, il montre non-feulement la différence inouïe d'un Peuple d'hommes libres & groffiers, qui n'ont jamais connu leur Créateur, à un Peuple policé qui chercheroit à le méconnoître. Il prouve invinciblement qu'une telle Nation est d'autant plus misérable, que les passions factices que le superflu a fait éclorre, ont plus d'énergie & de variété. Effectivement la Nature fournit aisément aux hommes les choses de premiere nécessité. Leurs vrais besoins les unissent au lieu de les aigrir. Les voluptueux au contraire facilement féroces, & presque toujours insensibles, arrachent tranquillement le pain noir de la main d'un malheureux qui le partage avec son semblable.

Mais c'est trop combattre des chimeres qu'aucun homme de bonne-foi n'a sérieusement soutenues. Quand une République d'Athées ne feroit pas auſſi monſtrueuſe, elle eſt heureuſement impoſſible; à plus forte raiſon, un Peuple devenu Athée & ſoumis encore aux loix de l'Etat, eſt un Peuple imaginaire; & vous ſavez, Monſieur, que les abſtractions réaliſées ſont encore moins fâcheuſes en métaphyſique qu'en morale. Non Monſieur, on aura beau faire, une Nation religieuſe ne deviendra point Athée; & il eſt également contre la nature des choſes qu'un Peuple qui croit en Dieu n'y croye plus, ou qu'un Peuple qui a reçu la Religion révélée, retourne à la Religion naturelle.

Au reſte l'Auteur de l'Antiquité dévoilée convient lui-même de ce principe. Il dit d'après tous les Anciens, que les mysteres ont policé le Genre humain. Je n'insisterai point sur des vérités si claires & si communes. Des plumes plus habiles ont montré mille fois que les hommes qui vivent en société doivent se réunir pour servir leur Dieu comme pour servir leur Roi. On sçait qu'il faut qu'il y ait dans les états des ordonnances, des dogmes, une autorité ecclésiastique, & une autorité séculiere.

Mais prenez garde sur-tout que nous sommes malheureusement paitris de telle sorte, que nous devons communément perdre ou retenir à la fois l'enchainement tout entier de nos préjugés & de nos principes. Cette vérité prouve même encore en quelque sorte, ce que nous avons déja démontré. On pourroit dire, ce me semble, les hommes sont nés pour vivre en société, puisque l'Asie & l'Europe sont bien ou mal policées : la croyance d'une Religion révélée est nécessaire aux hommes qui vivent en société : donc la révélation est incontestable.

Je pourrois développer cette pensée ; mais ce n'est pas de cela dont il s'agit à présent. Il faut prendre les choses comme elles sont. Il n'est pas question d'établir une Religion ; la nôtre contient des dogmes inséparables. Il faut nécessairement que les philosophes la laissent comme elle est, ou qu'ils la fassent chérir d'un plus grand nombre d'hommes, ou qu'ils la leur fassent haïr, sans pouvoir les en débarrasser.

Voulez-vous que nous quittions un moment le général pour le particulier, tâchons de voir les choses plus en détail. Les Prédicateurs de l'incrédulité sont-ils donc bien sûrs d'avoir entièrement persuadés tous ceux qu'ils ont corrompus ? N'ont-ils point fait changer d'avis à quelques hommes plus foibles que méchans, qui ne savent plus, qui ne sauront peut-être jamais ce qu'ils doivent faire & penser? Ces malheureux ne font point tranquilles dans leur incrédulité, comme ils l'étoient dans leur foi. L'on n'éloigne point, Monsieur, si facilement, les principes que l'on a reçus de ses premiers maîtres & de ses premiers amis. Plusieurs de vos disciples croyent encore assez pour craindre, & ne croyent plus assez pour pratiquer. Ils n'ont plus de confiance dans le Dieu que vous leur avez appris à blasphêmer. Leur incertitude fatiguante s'étend sur tout le reste. Le moins qui puisse leur arriver, c'est d'être souverainement misérables chaque fois qu'ils réfléchissent.

Confidérez, je vous prie, fous un autre point de vue le fruit des travaux de ces grands Maîtres du Genre humain. Ils n'ont pas même pris garde qu'ils ont fait autant d'hypocrites que d'incrédules décidés. Au lieu d'éteindre le fanatifme expirant, ils ont dû le ranimer : car les méchans n'ont pas befoin de fe concilier en tout pour s'encourager réciproquement. Un bel efprit n'a pas grand peine à perfuader à un mauvais Prêtre qu'il n'eft point facrilége; croyez-vous qu'il lui perfuaderoit auffi facilement qu'il a tort de cabaler. Un théologien incrédule défend fa théologie, comme le philofophe défend la fienne.

Un effréné rigoriste, est bien plus terrible, quand il ne croit plus du tout au Dieu qu'il a deshonoré.

Vous me répondrez peut-être, à la vérité, que l'on ne se fait pas martyriser pour une erreur que l'on méprise ; d'accord : mais quand on prêche en sûreté, vous savez qu'on est souvent bien plus attaché à ce que l'on dit qu'à ce que l'on croit. Allez, Monsieur, vos philosophes ont seulement multiplié les fripons & les dupes. Ils ont donné l'exemple du charlatanisme, & tout le monde en a profité. Voyez, je vous prie, comme les impies s'unissent à propos aux fanatiques pour persécuter un ennemi commun. C'est une chose remarquable que l'infatigable cruauté de ceux qui prêchent la tolérance. En est-il beaucoup qui ne voulussent faire bruler en personne ceux qui ont fait bruler leurs écrits. Mais cela ne doit pas étonner ceux qui connoissent un peu les hommes. S'il n'y a point d'orgueil plus vil que celui du bel esprit, parcequ'il compte le reste pour rien, il n'en est point de plus cruel.

Nous venons de voir que les crimes, comme les vertus, ont toujours des points de réunion. Je dis plus : les méchans ne se persuadent presque jamais les uns les autres que par leur haine commune pour la vertu & l'humanité. Si quelques-uns de ces barbares fatalistes cessoient de se faire une Religion cruelle & absurde, ils ne se contenteroient pas du Déisme, ils deviendroient Athées, & persécuteroient encore au nom du Dieu qu'ils auroient abandonné. Si les ennemis de la Religion, qui la poursuivent avec tant de furie, venoient à se convertir, vous les verriez superstitieux & sanguinaires. Telle est la nature des méchans, & celle des choses qui ne peut changer.

Qu'il y a loin, Monsieur, des enthousiastes de l'irreligion, à ces philosophes qui ne se vantoient point de leur incrédulité. Je ne les nommerai point, quoiqu'ils n'existent plus; on doit respecter leurs erreurs comme ils ont respecté notre foi. L'Europe a admiré leurs lumieres, leurs vertus, leur modération & leur génie. Est-il encore de nos jours une ame simple & droite, assez malheureuse pour n'avoir aucune Religion ? Cet infortuné n'en parle jamais, parcequ'il craint de tromper les autres ou de les pervertir. Il déteste ceux qui l'ont dissuadé; il soupçonne quelquefois leur bonne foi; il se prosterne involontairement devant le Dieu qu'il auroit voulu croire. Tout lui retrace cette image parfaite des imparfaites vertus qui brillent un moment sur la terre. Si l'homme dont je parle est par bonheur Déiste, il voudroit être Chrétien;

Chrétien ; il voudroit avoir un garant de plus des saintes promesses que la Nature a gravées dans son cœur.

On s'étonne quelquefois de voir dans le même siécle déclamer si fortement contre la superstition & l'impiété. Cette bisarrerie n'est pas si difficile à expliquer. Les incrédules dogmatiques sont toujours les agresseurs; ils mettent les autres en train d'écrire & de parler. Le fanatisme s'allume de tous côtés. La stérilité de leur imagination qui les a réduits à ce triste genre de littérature, les force de copier leurs prédécesseurs, & de se répéter eux-mêmes continuellement. Ils ne cherchent qu'à obscurcir la question. Ils parlent contre l'Inquisition en France, comme si elle y subsistoit encore; ils font abstraction des lieux & des temps. En vérité la plûpart de nos philosophes sont à-peu-près comme cette Nation dont parle Tacite, qui eût mieux aimé mourir que de ne pas combattre. Quand ils ne peuvent plus faire la guerre à la superstition, ils attaquent la piété, ensuite la vertu. Si le Peuple étoit Déiste, ils voudroient qu'il fût Athée. Ils nous arracheroient, Monsieur, jusqu'à l'orgueil de l'honneur, s'ils avoient su éteindre en nous toute semence de vertu. Vous avez même dû vous appercevoir que lorsqu'ils louent quelque qualité brillante de l'esprit & du cœur, c'est presque toujours pour avoir occasion de médire de quelque vertu plus estimable encore. Relisez, je vous prie, leurs ouvrages avec plus d'attention, je suis persuadé que vous y rencontrerez les funestes gradations que j'ai seulement esquissées. Oui, quand les incrédules ne grossiroient pas les objets, quand la superstition désoleroit encore le monde ; si ce barbare délire devoit être éternel, un citoyen éclairé préféreroit ces inconvéniens inévitables, au déchaînement universel de tous les maux & de tous les crimes.

Mais je l'ai déja dit, la Religion elle-même a détruit ses propres abus. Graces à la douceur & à la sagesse de tous les Gouvernemens de l'Europe, l'Inquisition en horreur chez la plûpart des Nations, perd tous les jours de son crédit parmi celles où elle n'est pas encore abolie. Mais je ne me lasse point de le redire, quand elle auroit mis en fuite cent mille beaux esprits depuis l'établissement du Christianisme, je ne comparerois point cet exécrable abus, à l'avilissement perpétuel des ames, à cette indifférence de tout bien, presque inséparable de l'irréligion prêchée, applaudie, & soufferte. Elle portera quelque jour dans le sein de plusieurs milliers d'hommes, une mort lente & cruelle.

Tel seroit, Monsieur, le sort de

toutes les Nations chez qui l'on parviendroit à détruire peu à peu le fondement habituel & sacré des Loix divines & humaines. Les ressorts qui font mouvoir les Etats ont été faits les uns pour les autres; la même main les a *tissus* & posés dans un même instant. Il faut que toutes les parties de ce grand tout s'étayent sans cesse, ou qu'elles s'écroulent toutes à la fois.

Ces vérités sont si évidentes que les destructeurs de la Religion & des vertus, ont coutume de nous dire qu'ils n'écrivent point pour le Peuple. De quel Peuple veulent-ils parler? On voit au moins qu'ils n'écrivent guères pour les gens de beaucoup d'esprit. Ils approfondissent rarement la matiere. Ils cherchent à mettre leurs livres à la portée du commun des hommes. On lit parce qu'il est à la mode de lire. Les Auteurs écrivent grossiérement contre la Religion & les mœurs; & les plus vils de leurs lecteurs parlent encore plus clairement à ceux qui ne lisent jamais. Les gens de lettres chez les Nations frivoles qui auront toujours la fureur du bel esprit, influent, Monsieur, bien plus que l'on ne croit sur le destin des Empires; ils font beaucoup de bien ou beaucoup de mal à leurs concitoyens, quand ceux-ci se sont habitués à les considérer. En vain les premiers d'un Etat seront vertueux

& éclairés, si l'intervalle qui les sépare du pauvre Peuple, n'est rempli que d'hommes sans mœurs, sans principes, & sans foi. Comment voulez-vous qu'on résiste à cette impulsion générale? Comment arrêter un mal journalier? L'Inquisition du moins marchoit à grand bruit. On pouvoit espérer de confondre un délateur, de démasquer un faux dévot; mais qui empêchera le plus grand nombre de succomber sous les efforts continuels & secrets du plus petit? Qui réveillera les Citoyens de cet assoupissement mortel qui ne se fait sentir qu'à ceux qui n'ont pas le temps de dormir? La superstition est une espece de tempête, elle se calme comme elle vient; l'incrédulité, comme tout ce qui marche à sa suite, est un fleuve qui coule continuellement. Ceux que l'on appelle aujourd'hui des Philosophes, parlent gravement des beaux Arts & des autres bagatelles; ils badinent des choses sérieuses, & calomnient les choses divines; voilà comment ils rendent les méchans fanatiques, & les vertueux indifférens.

Il est vrai cependant, (car il faut être juste,) il est vrai que quelques Philosophes sont les premiers à exprimer vivement, & quelquefois avec un courage estimable, les funestes effets de la dépravation; mais elle est telle qu'ils n'osent eux-mêmes remonter

remonter jusqu'à la source du mal. Souvent ils sont comme les Experts, qui ne condamnent guères les gens de leur profession. Ils se font des politesses, comme les Médecins, dans ces consultations où l'on égorge un pauvre malade. L'homme de Lettres qui croit en Jesus-Christ, prend rarement sur lui de condamner un Prédicateur du Déiste, & le Déiste ne parle qu'avec vénération du système de l'Athée.

Hélas, Monsieur, quel bien n'eussent pas fait à leur patrie, ces plumes éloquentes qui ont tant d'empire sur les ames, si elles avoient flétri du même coup la superstition & l'impiété ! Faits pour dominer les esprits, ces grands hommes devoient-ils recevoir le ton d'une troupe de petits raisonneurs, qui sans talens comme sans principes, ennuyent presque toujours leurs lecteurs toutes les fois qu'ils ne calomnient pas Dieu ou leur prochain. Quel siecle que le nôtre ! Si les gens de lettres du premier ordre avoient connu leurs forces, & l'espece de grandeur dont ils étoient susceptibles, on pourroit en vérité leur demander compte, non seulement du mal qu'ils ont fait, mais encore du bien qu'ils auroient pû faire. Ils sont responsables peut-être de tout le sang que la superstition peut encore verser. Au cri terrible des impies, elle s'est ranimée ; elle a reparu tout à-coup avec l'Athéisme & les faux miracles, les absurdités physiques & théologiques de toutes les sectes & de tous les genres. Ah, Monsieur, malheur à une Nation, quand on a sans cesse à la bouche des mots presqu'inintelligibles pour la plûpart de ceux qui ne se lassent pas de les répéter! Voilà peut-être la marque la plus certaine du renversement total des idées les plus claires, & des principes les plus sacrés.

Vous savez que tous les hommes entendent communément ce qu'ils veulent dire quand ils prononcent ces mots si connus de cruauté & de bienfaisance, d'hypocrisie & de piété, &c. pensez-vous qu'ils entendent aussi bien les noms fastueux de fanatisme & de philosophie? Les idées compliquées s'obscurcissent toujours de plus en plus. On s'apperçoit trop tard du jeu de son imagination ; on s'égare sans savoir seulement comment on a pû s'égarer. Un homme de beaucoup d'esprit a observé que les mêmes mots, respectables dans une certaine acception, imprimoient encore une sorte de respect, après que leur signification étoit changée. Voilà sans doute comme ce grand mot de philosophie aujourd'hui si respecté, est enfin devenu trivial & presque inintelligible.

Si je voulois tracer l'image d'un véritable siecle de lumiere, voici je pense, à quels traits on pourroit le reconnoître. Je croirai que nous sommes devenus un peu plus philosophes que nos peres, quand on parlera moins de philosophie ; quand on ne sera plus philosophe par métier, comme on est Peintre ou Doreur ; quand les gens de Lettres s'estimeront assez eux-mêmes pour prétendre à l'estime de la plus saine partie du Genre humain. Alors leur orgueil plus noble embrassera tout-à-la-fois la considération de leurs ouvrages & celle de leur personne ; ils inventeront moins de mots, parcequ'ils auront plus d'idées. Parmi ceux qui s'occupent de littérature & de philosophie, les hommes de génie se contenteront d'écrire, & les autres de lire & d'admirer. Les premiers vivront moins dans le monde, au lieu de faire des satyres contre les gens du monde pour honorer les gens de lettres. Ceux-ci dédaigneront l'éclat d'une célébrité de quelques jours. La multitude moins abrutie & moins corrompue, marchera d'un pas plus égal entre l'impiété & la superstition. On comptera moins sur l'ignorance & la sottise de ses lecteurs. Les Auteurs ne chercheront plus à donner le ton aux Grands de qui ils le reçoivent pourtant, comme on le voit assez par leurs écrits. On n'opposera plus le pédantisme moitié fastueux & moitié bouffon, de la philosophie moderne, à celui de l'école. Quelques hommes plus célébres qu'éclairés, ne seront plus les tyrans d'une foule d'écrivains qui n'osent essayer leurs talens qu'en écrivant dans leurs principes. Les opinions les plus sages n'étant plus l'effet de la contrariété, ou celui d'une mode passagere, deviendront moins mobiles. C'est alors, M'. qu'il y aura moins de Fanatiques, moins d'Athées, de Pédans, &c. Le style sera plus naturel, plus sage, plus piquant, les Livres moins ennuyeux. On verra moins de belles phrases; on aura plus de bons ouvrages, & peut-être que le commun des hommes deviendra enfin capable de les juger.

FIN.

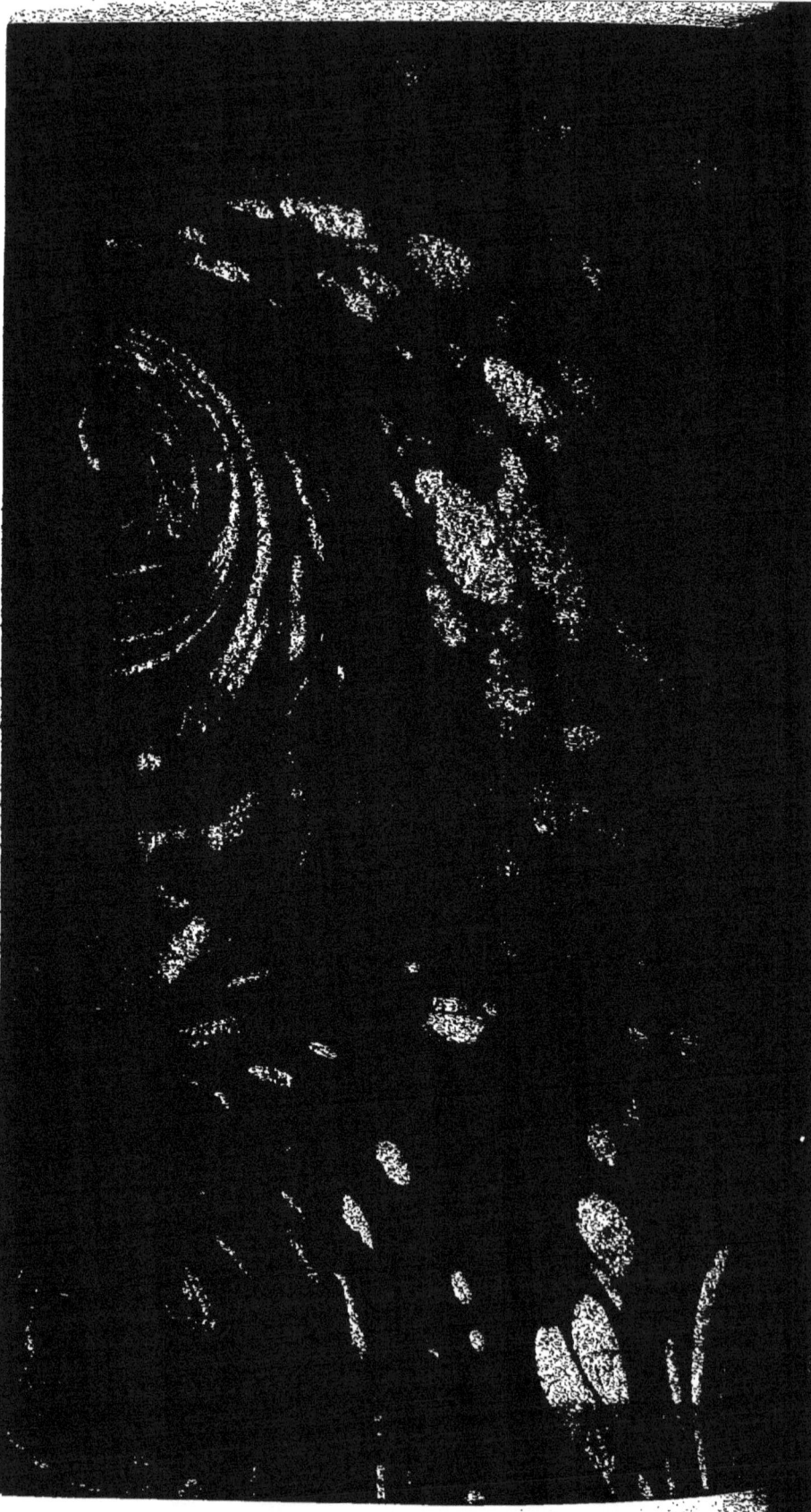

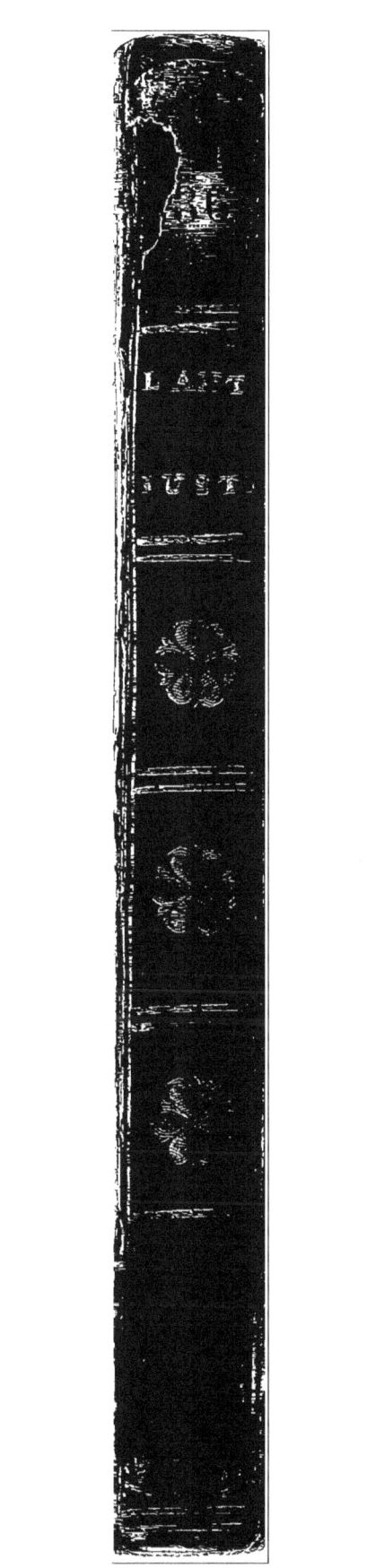

www.ingramcontent.com/pod-product-compliance
Lightning Source LLC
Chambersburg PA
CBHW051912160426
43198CB00012B/1859